LE PRINCE TRAVESTI
L'ILE DES ESCLAVES
LE TRIOMPHE DE L'AMOUR

MARIVAUX

LE PRINCE TRAVESTI
L'ILE DES ESCLAVES
LE TRIOMPHE
DE L'AMOUR

Introduction, notes, bibliographie,
chronologie et glossaire
par
Jean GOLDZINK

GF-Flammarion

On trouvera en fin de volume une bibliographie.
et une chronologie.

© 1989, FLAMMARION, Paris
ISBN : 978-2-0807-0524-2

INTRODUCTION

Le Prince travesti (1724), *L'Île des esclaves* (1725), *Le Triomphe de l'amour* (1732) : une comédie héroïque, une utopie sociale, une fable du désir tiomphant et masqué, trois comédies pour les Comédiens Italiens, chassés par Louis XIV en 1697, rappelés par le Régent en 1716. On ne cherchera pas à ce choix d'explications péremptoires. Comme tout choix, il obéit à des raisons embrouillées, qui préfèrent l'ombre. Mais on jouera, sur ces trois partitions du large répertoire marivaudien, le jeu des correspondances et des écarts. Pour faire apparaître la complexité des formes et l'inventivité du dramaturge. Quoi qu'on en ait dit.

I. MASQUE ET SECRET : UNE DYNAMIQUE THÉÂTRALE

Qu'il agisse comme travestissement ou comme mensonge, le masque frappe avant tout par son omniprésence. Mais il est réellement abusif de prétendre que Marivaux transporterait de pièce en pièce une sorte d'idiolecte du masque, code dramaturgique ou métaphysique fermé sur lui-même. Car le masque ne remplit pas les mêmes fonctions, ou les accomplit différemment, dans l'économie des trois comédies.

Dans *Le Triomphe de l'amour*, il s'agit d'une donnée initiale fondamentale, sans laquelle la pièce ne peut se concevoir. Le conflit politique, en effet, oblige Léonide à choisir entre une démarche ouverte (la réduction par la force du clan légitimiste) et une stratégie oblique (la séduction de son charmant rival). La guerre ou la paix, la violence ou l'amour, bref, la reconduction des déchirements anciens ou l'instauration d'un ordre nouveau, tel est l'enjeu du masque dans la fondation de la pièce. Pour se combler comme Femme (amoureuse) et comme Princesse (généreuse), Léonide doit masquer son sexe et son identité, déguiser la femme et la souveraine.

Le déguisement du *Prince travesti* en jeune homme de bonne famille voyageant incognito — en possible aventurier, donc — obéit à des motifs tout aussi chargés de sens symbolique : émule du voyageur du *Monde vrai*[1], il lui faut effacer provisoirement le Prince pour mieux se préparer à régner, en apprenant à connaître les hommes dans tous les États et tous leurs états. Ce qui implique qu'on ne puisse le faire lorsqu'ils ont intérêt à vous tromper : quel prince peut se vanter d'avoir accès au visage sous le masque, à la vérité diverse des hommes dans le cercle de sa cour ? La Princesse en fait assez la cruelle expérience sur sa meilleure amie.

Analogie frappante des motivations. Elles confèrent aux deux comédies, par le déguisement qui les fonde, une portée philosophique et politique que *L'Île des esclaves*, fidèle à la tradition utopique, exhibe sans détour. Le déguisement, sur l'île utopique et thérapeutique, ne prétend pas tromper. Les protagonistes expérimentent, sous la contrainte publique, l'échange des rôles sociaux et des identités, l'inversion des statuts. Est-ce encore un masque ? On dira plutôt que l'épreuve vise à faire éprouver l'artificialité et la dureté des rapports sociaux figés, à y faire surgir, comme un chant oublié, la voix du cœur ; mais que, dans l'échange croisé du maître et de l'esclave, chacun se sent comme déguisé, acteur d'un rôle qui ne lui

---

1. *Journaux et œuvres diverses*, édition Deloffre-Gilot, Garnier.

convient pas, renvoyant ainsi à l'autre l'image d'un visage qui s'est durci en masque ridicule ou odieux.

Doubles secrets

Il n'en reste pas moins que le travestissement du Prince en Lélio ne suffit pas à engendrer la pièce : sans la venue d'Hortense, Lélio se déciderait en effet à épouser la Princesse, flatteusement éprise de lui. Son masque n'est donc pas le tremplin de l'intrigue. En fait, Lélio porte deux masques, possède deux secrets : celui qu'il garde le plus longtemps (son nom) n'est pas le plus important dans l'économie de la pièce. Ce qui menace de le perdre, c'est son amour secret pour Hortense. La sécurité que confère le premier masque est menacée par le second. Et c'est bien sur celui-ci que tombe Arlequin, payé pour enquêter sur l'origine mystérieuse de son maître (*Le Prince travesti*, I, 10). Bien plus, on constate que le secret originel a besoin de se prolonger, moins par nécessité interne que pour maintenir le suspens et permettre le dénouement. Car enfin, il semble difficile de croire avec Hortense que la Princesse puisse vraiment assassiner le Prince de Léon ; ou plutôt, on entrerait alors dans un conflit de la passion et de la politique, de la fureur amoureuse et de la politique, d'ordre tragique, que Marivaux ne tient pas à jouer dans ces termes. Le pardon final, en effet, en cas de révélation non retardée de l'identité de Lélio, en serait profondément obscurci : plus qu'un sursaut sublime, il apparaîtrait inévitablement comme le seul fruit d'un calcul rationnel, d'une pesée des intérêts politiques.

Le cœur de la pièce, ce qui la fait battre et séduit Marivaux, c'est manifestement le rapport douloureux, d'amitié et de soupçon, de jalousie et de terreur, entre deux femmes, fondé sur l'amour secret de Lélio et d'Hortense. C'est ce masque-là qu'Hortense tente désespérément de protéger, par une dénégation obstinée, aussi subtile qu'impossible. Et c'est pour lui qu'elle exige de Lélio le silence sur son identité.

Silence qui a pour conséquence et pour fonction de laisser jouer jusqu'au bout les rapports de force originels ; c'est-à-dire de soumettre chacun des protagonistes (Arlequin, Frédéric, l'Ambassadeur, la Princesse...) à des choix qui sont autant d'épreuves morales où se décide la trajectoire dramatique des personnages.

Ainsi, la décision ultime de la Princesse est savamment située entre les dévoilements des deux secrets : l'économie dramaturgique et thématique de la pièce exige que le plus important, en soi, susceptible de bloquer ou d'infléchir le procès dramatique (l'identité de Lélio), apparaisse comme le plus facile, le plus tentant à lever, et en fait le moins négociable.

Deux secrets également dans *Le Triomphe de l'amour* : l'identité de Léonide et son amour pour Agis. Mais ici, plus de dissociation possible. De plus, le deuxième secret, celui qui motive le masque du rang et du sexe, est lui-même masqué par deux faux amours. D'où des rapports de simulacre complexes : Léonide, déguisée en homme, séduit Hermocrate, qui la sait femme, entreprend la séduction d'Agis, qui la croit d'abord un homme, et celle de Léontine, qui ne le croit pas moins et veut l'épouser ! Tous les possibles du secret initial sont ici développés avec une rigueur quasi géométrique, expansion triomphale qui donne son sens plein, spécifique, et somme toute allégorique, au titre (la pièce pourrait certes s'intituler *La Princesse travestie*, mais l'intrigue du *Prince travesti* ne donnerait qu'un contenu banal et convenu au titre retenu pour *Le Triomphe de l'amour*).

Percer le mystère

Une des fonctions dynamiques fondamentales du secret est évidemment de susciter l'envie (peur et désir réunis) de le percer : chez le spectateur comme dans l'univers de la pièce. Pour apprécier la violence des investissements que suscite le secret, il suffit — expérience inoubliable — d'assister à un spectacle destiné aux enfants ! Dans *Le Prince travesti*, la levée du secret de l'identité de Lélio, qui lui brûle les lèvres, se fait en deux étapes : devant Hortense, d'abord, qui euphémise et somme toute esquive la révélation (II, 6) ; puis, après le renoncement de la Princesse, parallèlement à l'aveu du Roi de Castille, qui seul produit un effet de relance dramatique (III, 10). Dans *Le Triomphe de l'amour*, la révélation du nom propre est réservée d'abord au seul Agis, comme preuve suprême d'amour et gage d'extase, qui débouche sur le silence de l'émotion portée à son comble : c'est l'acmé du dénouement, qui liquide ensuite sèchement les victimes du masque.

Deux agencements, pour une même fonction. Dans un cas, la révélation est d'abord refusée, puis, par deux fois (pour des raisons différentes), atténuée, ombrée, ou ironisée par le double dévoilement des Princes déguisés. Dans l'autre, au contraire, elle rayonne comme l'extase du parcours amoureux : le regard ébloui d'Agis découvre qu'il reçoit l'amour de celle qui aurait dû, selon la logique politique ordinaire, désirer sa mort ou sa captivité. C'est parce que le renoncement de la Princesse de Barcelone enveloppe la même valeur, que son geste reçoit l'auréole dramatique qui relègue dans l'ombre l'aveu de Lélio, redoublé et éclipsé par celui du Roi de Castille.

Identités fictives

Mais la levée du secret, subtilement négociée selon la ligne singulière de chaque pièce, n'épuise pas le dynamisme du nom masqué, manquant. Car celui-ci suscite des identités fictives (ou, dans *L'Île des esclaves*, des identités permutées), sorte d'équivalent dramaturgique des itinéraires picaresques, qui inscrit dans l'univers du théâtre la flexibilité sociale propre au roman. Coupé (fictivement, ou temporairement dans l'île utopique) de son origine, de son nom, le personnage masqué entre en effet dans le jeu de la mobilité sociale, génératrice d'effets dramatiques. Dans *Le*

Prince travesti, le masque du déclassement provoque par exemple autour de Lélio ce qu'il n'est peut-être pas excessif d'appeler la peur collective de l'ascension sociale. Le personnage qui n'a pas de statut préétabli, stable (d'où la recherche éperdue, chez Frédéric, chez Arlequin, de l'origine) devient une personne *déplacée*. Déplacée dans son langage et ses aspirations. Il entre en conflit avec l'ordre normal des choses, qu'il dérange. Comment se conduire avec lui ? Qu'en faire ? Qu'en penser ? Chaque personnage se trouve appelé à inventer une réponse, inscrivant par là même dans la pièce une trajectoire idéologique qu'il est sans doute possible d'interpréter sur la trame des mutations de la société française, et/ou de ses représentations au tournant des XVIIe et XVIIIe siècles (on aura reconnu le sujet de *La Vie de Marianne*, 1731-1741). Il faudrait ainsi analyser la réponse de la Princesse, d'Hortense, de Frédéric, de l'Ambassadeur, et... d'Arlequin. La réponse, ou plutôt les réponses (voir par exemple Frédéric), qui engendrent des schémas d'intrigue, des scènes, des dialogues.

Mêmes dédoublements dans *Le Triomphe de l'amour*, mais obéissant à une logique différente, convoquant d'autres motifs. Phocion scande les étapes de sa séduction en inventant des masques exactement ajustés aux désirs de chacune de ses proies. Les simulacres ne mobilisent pas, ici, un imaginaire social travaillé par la hantise de l'ascension, mais ce qu'il est commode d'appeler les fantasmes du Cœur. Les identités fictives que Léonide, alias Phocion, alias Aspasie, exhibe et escamote dans le cours de ses manœuvres sont autant de projections de sa science des cœurs, de sa fulgurante intuition des désirs secrets et de leur incessante agitation. Mais la structure de la pièce est telle, le triomphe de la séduction si total, si inflexible, que ces masques n'engendrent guère de contre-attaque, ne provoquent quasiment aucune tentative, dramatiquement productive, de percer le secret, de déchirer le voile. Certes, Hermocrate reconnaît en Phocion une femme rencontrée à l'ombre des forêts, et la fait surveiller par Dimas. Mais l'espion est aussitôt retourné, et le problème de l'identité de Phocion-Aspasie ne resurgit qu'à la fin, quand tout est joué.

L'amour caché

Bien entendu, le nom n'est pas le seul, ni même le principal secret autour duquel se nouent les conflits et s'engendrent les schèmes dramatiques. Dans les deux grandes comédies, il s'agit avant tout de masquer l'amour. Ce trait commun évident ne saurait cependant dissimuler un traitement fort différent. Dans *Le Triomphe de l'amour*, le masque que revêt Léonide lui assure une impunité presque absolue, renforcée, s'il était besoin, des troupes massées au château voisin. Certes, Léontine et Hermocrate ont quelques sursauts, qui animent la pièce et déclenchent des contre-attaques foudroyantes et magnifiques. Mais le propre de la séduction implacablement savante que la pièce déploie, c'est d'enfermer chacun dans le trouble et la jouissance solitaires de son désir vierge. Tel est en effet le calcul secret — non formulé, mais décisif — qui fonde en dernière analyse la stratégie de la jeune et redoutable Princesse de Sparte : ce qu'elle partage, ce qu'elle prodigue à chacun, c'est précisément le secret, la solitude du secret non divulgable, le secret amoureux. Paradoxalement, la prêtresse masquée (et casquée) du Désir introduit, dans cette demeure fermée sur elle-même, coupée du monde et en tout cas des femmes, un radical cloisonnement des individus, la quasi-impossibilité d'une communication latérale qui échapperait à son emprise absolue sur les canaux de la parole. Hermocrate, Léontine (et Agis davantage encore) ne peuvent commencer à se parler que lors-qu'ils ont assumé leur passion. C'est-à-dire trop tard. D'où la structure si étrange et si géométriquement rigoureuse de cette pièce fondée sur un pacte impli-cite : l'obligation pour les victimes du masque de collaborer au maintien du secret. Le triomphe du langage — qu'exalte magnifiquement la pièce — passe par cette solitude paradoxale et malheureuse qui accompagne toujours, chez Marivaux, la naissance de l'amour. Mais la caractéristique propre du *Triomphe de l'amour*, ce qui fait sa spécificité dramaturgique, c'est qu'il ne s'agit plus ici d'un motif psychologique, d'ailleurs plein de charme (irritabilité, colère, refus de parler : voir *Le Jeu de l'amour et du hasard*, *Les Fausses confidences*, etc.). Cette réécriture du secret contribue dans *Le Triomphe de l'amour* à la structuration même de l'œuvre, à son organisation formelle essentielle, je veux dire à cette extraordinaire focalisation sur un seul personnage, qui la distingue de toutes les autres pièces de Marivaux.

Dans *Le Prince travesti*, au contraire, c'est la fragilité, la périlleuse instabilité du masque, la difficulté douloureuse, toujours défaillante, du secret, qui constitue le schème dynamique de la pièce, sa marque propre. On serait assez porté à en dire autant de *L'Île des esclaves* : le secret de Trivelin, le sens de cette inversion expérimentale, de ce carnaval prudemment raisonnable et soigneusement contrôlé, n'est-ce pas l'impossibilité, pour les « esclaves », de supporter leur maîtrise, d'adhérer, sans rire et sans larmes, à leur masque et à leurs singeries de nouveaux maîtres ? Mais si, dans *Le Prince travesti*, les masques vacillent sans cesse, c'est que Marivaux s'y attache aux affres de la communication surveillée, épiée, soumise à l'obsession du regard royal. Tout y fait peur, tout y fait signe : les mots, les yeux, le silence. Tout cerne le secret, qui fuit de partout. Saturation et sur-signification caractéristiques de l'espace tragique, notamment racinien, auquel la comédie héroïque fait évidemment référence.

Les poches percées d'Arlequin

Parole agressive, directe, effrontée, dans *Le Triomphe* ; parole oblique, tourmentée, insidieuse ou dilatoire dans *Le Prince*. D'où, par exemple, la fonction différente d'Arlequin dans ces deux comédies — toute considération biographique mise à part (je pense au déclin de Thomassin, titulaire du rôle, à l'époque du *Triomphe*). Si Arlequin est bien celui par lequel la vérité fuit, on comprend que la structuration du secret dans *Le Triomphe* réduise son rôle. A preuve : Dimas, pourtant plus retors, n'a pas plus d'espace pour la trahison.

Dans *Le Prince travesti*, au contraire, parce que, loin d'être fascinés par la parole voilée génératrice de secret, les personnages cherchent sans relâche à lever les masques, nouent des alliances, ou défendent désespérément un secret qui s'échappe, Arlequin se déploie comme le vivant symbole de la précarité du masque : il perce les mystères, et par ses poches trouées, la vérité se disperse dans une anarchie ravageuse. Il occupe ainsi, en quelque sorte, une position symétrique de celle de la Princesse : surveillé par en haut, le secret convoité est aussi épié par en bas, des cuisines et des antichambres. Et de même que la Princesse, dans la rage et l'humiliation, décode les discours retors d'Hortense, Arlequin traduit et travestit, dans sa langue inoubliable, les propos qu'il rapporte et qu'il vend. Au demeurant, lui-même, comme tous les autres, est soumis aux périls qu'implique le masque dans l'univers politique de la Cour : il n'est pas moins dangereux de prétendre lever le masque que de le porter, parce qu'il touche au pouvoir ; d'où, là aussi, des schèmes dramatiques productifs (voir les scènes entre Arlequin, la Princesse, Hortense, Frédéric). *L'Île des esclaves* montre assez que l'échange des masques (de valet, de maître) ne se fait pas sans affects violents.

Ainsi, dans *Le Triomphe*, le secret est un moyen et un effet. Moyen de la séduction parallèle et méthodique de trois cœurs, dont un seul est désiré. Mais le secret — c'est le mécanisme dissimulé de la machine séductrice — y produit le secret qui le garantit. Le secret ne peut être percé que par son triomphe — le triomphe de l'amour, qui libère l'aveu et dénonce la mascarade.

Le Prince travesti repose sur un tout autre dispositif. Bien plus qu'un moyen et un effet, il devient l'enjeu central et convoité de la fabrique théâtrale : c'est le secret qui mobilise toutes les énergies en lutte, toutes les stratégies. Impossible donc de le laisser dans l'ombre : il faut au contraire le mettre à découvert, au centre d'un champ de forces croisées qui l'épient ardemment.

On est alors tenté de parler de la fécondité du masque (entendu ici comme secret) dans la dramaturgie marivaudienne. Il faut résister à cette facilité. Ce n'est pas le masque qui est fécond. Mais le travail, exceptionnellement inventif, et souvent oblitéré par la hâte des formules générales, que le dramaturge lui fait faire dans le parcours singulier de chaque pièce.

II. MASQUES ET VISAGES : LA DYNAMIQUE DU DÉVOILEMENT

Si le masque excite à ce point l'invention marivaudienne, c'est qu'il participe d'une autre sphère, sociale et éthique, sur laquelle Marivaux s'est explicitement et abondamment exprimé [1]. Cette nouvelle perspective lui laisse tout son dynamisme, car il entre dans une thématique du dévoilement, qui met en rapport masque et visage, pour reprendre un couple cher à Marivaux lui-même, et qu'il prête à certains de ses personnages (dont Lélio ; *L'Île des esclaves* y puise aussi une bonne part de sa substance). C'est que le masque mobilise des valeurs, et par là même marque les personnages et les discrimine. Autrement dit, il est en rapport avec un problème central : comment guider le spectateur dans la réception des valeurs qui s'affrontent sur la scène — guidage qui, dans la comédie, a partie liée avec le comique (qu'on ne

1. Voir *Journaux et œuvres diverses*, édition citée.

confondra pas avec le rire). Le paradoxe central du masque marivaudien se devine aisément : si personne, apparemment, n'échappe à sa sphère, si, presque toujours — mais pas dans *L'Île des esclaves* ! —, c'est l'amour qui se masque, comment peut s'opérer une discrimination des personnages dont on sait bien qu'elle est quasi consubstantielle à l'univers comique ? Y a-t-il un bon et un mauvais usage du masque ? On entre ainsi dans une dialectique du mensonge et de la vérité, de l'apparence et de la transparence, dont Marivaux a fixé très tôt l'enjeu et l'emblème dans le mythe personnel de la jeune fille au miroir [1], monté en épingle par d'Alembert. Bref, l'omniprésence du masque dans le théâtre marivaudien ne consiste pas à exhiber l'universelle mascarade qui peuple la scène comique à partir de 1680. Le masque appelle chez lui un démasquage, le mensonge un dévoilement, le secret un aveu. Pour ne pas figer en métaphysique trop abstraite la dynamique changeante des personnages, sans cependant se perdre dans la singularité de chaque rôle, on se laissera guider par le dramaturge lui-même, en tant qu'il est tenu de, ou qu'il tient à organiser la réception de ses pièces, c'est-à-dire une relation différenciée, valorisée, aux personnages. On pourra donc postuler que le rapport au masque constitue l'une des épreuves fondamentales qu'affrontent les personnages marivaudiens dans l'existence éphémère des pièces : cette même épreuve dont chacun de nous, selon Marivaux (et plus que d'autres, les princes et les riches, disons les maîtres), est appelé à rendre compte devant le Spectateur et Juge suprême. Du moins s'agit-il là d'une hypothèse de lecture, inspirée par les *Journaux et œuvres diverses*, qui nous incite à distinguer trois sortes de rapports entre masques et visages.

---

1. Voir *Journaux et œuvres diverses*, édition citée.

Le visage sans masque

On ne peut guère s'y tromper (du moins à la lecture) : Hermocrate et Léontine, Frédéric, Cléanthis et Euphrosine dans leur rôle de maître, sont des personnages pour lesquels Marivaux ne cherche pas à susciter notre sympathie. L'agressivité dont ils sont l'objet surprendrait, si l'on sacrifiait à l'idée autrefois convenue du tendre et indulgent Marivaux (*être un peu trop bon pour l'être assez...*). Nos trois pièces, mais surtout *Le Triomphe de l'amour,* où elle croît d'acte en acte avec une brutalité déconcertante, se caractérisent au contraire par une cruauté comique qui signale inévitablement des enjeux importants.

Ont-ils rapport avec le masque ? D'après *Le Prince travesti,* incontestablement : « Ah ! vous voilà dans votre figure naturelle, je vous vois le visage à présent, il n'est pas joli ; mais cela vaut toujours mieux que le masque que vous portiez tout à l'heure » (I, 7). Tout est dit là en quelques mots. Ce qui n'est pas beau à voir, c'est le mensonge de l'homme de cour déguisé en honnête homme, l'absence de toute conscience morale, de tout sens de l'honneur, bref, la soumission absolue à la catégorie de l'intérêt, détachée de toute fin morale. On reconnaît la critique marivaudienne de la politique machiavélienne, entendue ici comme absolutisation de la raison d'État et de l'intérêt personnel, évidemment confondus en fait, sinon en paroles, dans le cas de Frédéric. Mais quel point commun trouver avec Hermocrate et Léontine ? Sans doute le port du masque : comme Frédéric, Hermocrate n'est pas ce qu'il prétend être. Le sage philosophe retiré du monde est en fait un agitateur politique, qui tend vers un fanatisme légitimiste : au lieu d'instaurer, il ne songe qu'à restaurer. Comme Frédéric, il subordonne en somme la fin transcendante (l'ordre, la paix, la réconciliation) aux fins particulières (l'État légitimé par le sang, soit, en dernière analyse, l'intérêt privé, égoïste et sectaire). Comme Frédéric lors de sa

dernière entrevue avec Hortense, il est soumis par
Phocion à une épreuve qui révèle en lui le pur
politique, habitué à étouffer tout élan du cœur, toute
impulsion généreuse. Frédéric et Hermocrate ont ceci
de commun : le sublime leur est barré, leur paraît
pure déraison (on n'aura pas de mal à faire le lien avec
L'Île des esclaves, où Trivelin est chargé par la
République de guetter et d'accélérer la relève de
l'intérêt par le sentiment). Mais ce n'est pas tout : ils
partagent également (avec Léontine) une même exclusion fondamentale : si l'héroïque leur est étranger, le
monde du désir amoureux l'est également (le jardin
philosophique fait peser sur le sexe un véritable
interdit, qui confère à la pièce une portée allégorique).
Hasard ? Sans doute pas, si l'on songe que l'héroïque
et l'amour relèvent du Cœur (*Rodrigue, as-tu du
cœur ?*). Cette double exclusion, que tout l'univers
marivaudien repousse avec dégoût, signifie un terro-
risme de la raison auquel Marivaux se refuse nettement[1]. Tout se passe comme si la volonté de domination sur les autres appelait une domination mutilante
sur soi-même (dans *L'Île des esclaves*, les maîtres se
soumettent par définition à l'empire de la mode, d'une
coquetterie évaporée et froidement manipulatrice).
Unilatéralité qui est une sorte de castration : *l'amour
apparaît donc comme une limite à la volonté de puissance,
au règne de l'intérêt calculateur*. C'est que la raison est
de l'ordre du calcul, mais du cœur jaillissent des
intuitions fulgurantes, qui dépassent les raisons ordinaires : ce qui relie les deux décisions des deux
Princesses, l'une à l'ouverture du *Triomphe*, l'autre au
dénouement du *Prince travesti*. Elles ont toutes deux
rapport au sublime, à la sphère du Cœur, en ce
qu'elles s'opposent à la mort et font confiance à
l'amour de l'homme. Car le masque de Frédéric,
d'Hermocrate, de Léontine, de Cléanthis et d'Euphrosine — la métaphore s'impose irrésistiblement —
c'est le racornissement du visage, la pétrification du

1. Voir *Journaux et œuvres diverses*, édition citée.

cœur, bref, la déshumanisation. Nul hasard sans
doute si la première scène du *Prince travesti* tourne au
fond autour de la question : qu'est-ce qu'un homme ?
C'est aussi la question lancinante des *Journaux et
œuvres diverses*, qui multiplient les appels à l'homme
en l'homme. Ces appels, nos pièces les font aussi
entendre : il est offert aux visages pétrifiés en masques
de s'adoucir, de laisser monter le sang du cœur. On
rencontre à nouveau cette catégorie de l'épreuve, si
active dans le théâtre de Marivaux, et son paradoxe :
l'épreuve chargée de révéler le masque ou de le
transpercer prend elle-même la forme du masque :
Frédéric devrait pardonner sans savoir qui est Lélio
(III, 6); Hermocrate et Léontine sont éveillées à
l'amour par un simulacre saccageur, etc. Ce sont des
masques qui dénoncent des masques. On y reviendra.

Ce qu'il faut d'abord marquer ici, c'est la diver-
gence des pièces. Hermocrate et sa sœur, Cléanthis et
Euphrosine, d'un côté, Frédéric de l'autre, suivent
des trajectoires presque opposées. Les premiers, en
effet, sont bel et bien convertis; ils renient leurs
erreurs : triomphe de l'amour, triomphe de l'humanité. L'épreuve du démasquage tourne à l'autocriti-
que, à la conversion spectaculaire des valeurs. Rien de
tel chez Frédéric. Il n'y a pas d'apprentissage du
personnage, d'épreuve qui l'ébranle. On ne peut que
l'exclure de la scène (III, 8) : mais cette dénégation
dramaturgique, qui redouble le défi désespéré d'Hortense (« vous êtes trop méchant pour être à craindre,
votre méchanceté vous met hors d'état de nuire à
d'autres qu'à vous-même », III, 6), n'empêche évidemment pas le personnage d'occuper la scène du
monde, comme il le dit lui-même à Lélio (« vous
m'accusez d'un plaisant crime, d'aimer la fortune !
Qui est-ce qui n'aimerait pas à gouverner ? », I, 7).
Manifestation éloquente du statut du politique chez
Marivaux : la scène comme rêve d'une politique
absente au monde, au monde où règnent évidemment
les Frédéric, où les tempêtes jettent rarement les
maîtres sur des îles humanisantes. Hermocrate et

Léontine, eux, restent en scène : bénéfice de leur conversion frénétique ? En réalité, le dramaturge ne les ménage pas : le dévoilement brutal et sec de la Princesse les abandonne, sans voix ni visage ni masque : vides, vidés, dévastés par la tempête qui les a submergés et littéralement *retournés*. Ce dénouement déconcerte notre sensibilité (notre sensiblerie ?). Il signale et confirme en tout cas la vivacité des valeurs et des affects attachés au masque, ou plutôt au visage devenu masque. Car voilà bien le paradoxe de ces masques : ils ne sont devenus tels qu'en un sens métaphorique, désigné par Marivaux lui-même. C'est leur visage qui est faux — faux par rapport à une sphère de valeurs que leur châtiment manifeste et que le parcours dramatique déploie. La comédie marivaudienne apparaît bien orientée par un horizon de vérité, ou d'authenticité. Rien ne le montre mieux que le rapprochement de Frédéric et des deux philosophes du *Triomphe* : si Frédéric essaie de tromper (usage actif et cynique du masque), le frère et la sœur se trompent, et le reconnaissent. Ils subissent pourtant la même sanction, encore plus cinglante. J'avoue aimer cette dureté : c'est la dureté même des temps classiques, au seuil ultime de la sensiblerie moderne. C'est le rire cruel de la jeunesse, qui nous moquera tous, l'orage dévastateur de l'ultime désir, et peut-être une certaine image de la Femme dans l'imaginaire masculin (cynique et tendre, menteuse et sincère, amoureuse et rouée...).

Masque et amour : le masque pour le visage

Ainsi, la faute de certains personnages serait moins de mentir que de se tromper sur la destinée de l'homme, en somme, si l'on osait, sur... Dieu (de bons esprits estiment cependant, à tort selon moi, que le théâtre de Marivaux ignore résolument toute transcendance). La violence du dévoilement est à la mesure de l'erreur. On a vu également se profiler la signification morale, et presque métaphysique, de l'amour. On est donc peut-être mieux à même de comprendre qu'il puisse exister un bon usage du mensonge. Ou plutôt deux bons usages : le masque dévoilant le masque, dont on vient d'analyser quelques enjeux, vecteur du comique le plus agressif, celui qui dénonce et dénude ; le masque au service de l'amour.

Les masques pervers sont collés au visage, incorporés. A les arracher, le personnage reste littéralement sans visage : c'est le cas de Léontine et d'Hermocrate, et là réside toute la violence du dévoilement dans cette pièce stridente. Les seconds sont des masques provisoires, des stratagèmes justifiés et purifiés par leur fin. C'est donc bien une polarisation des pièces par deux sphères fondamentales de valeurs qui légitime une division des simulacres dont on peut discuter la validité, mais non la réalité : effet inscrit d'un guidage de la réception par le dramaturge (que nul homme de théâtre, bien entendu, n'est tenu de suivre sur scène). Redisons-le : pour saisir la portée réelle de l'enjeu amoureux dans nos pièces, il faut impérativement mesurer ce qu'implique son exclusion des sphères habitées par Frédéric et Hermocrate.

Les mensonges amoureux tendent non pas à épaissir les voiles, mais à instaurer une transparence plus grande de soi à soi, de soi aux autres. On vise une éthique de la sincérité par des chemins détournés, les fameux détours marivaudiens (que la fable utopique réduit à leur plus simple expression, car l'utopie classique est brouillée, on le sait, avec la narration). On donnera, comme exemple le plus net, le rapport de Léonide et d'Agis, où l'amour se fait initiation, éducation, apprentissage de soi et des autres. Fable de la Femme et du Puceau (qu'on peut évidemment tourner vers une rêverie tendrement romanesque, ou bien vers des effets comiques plus grinçants). On constate alors que les données initiales se trouvent contredites, ou oblitérées, par le parcours dramatique : Léonide est bien un rôle de femme, dans une fonction d'initiation au monde et au sexe (dont le roman libertin des Lumières fait ses délices), qui transforme clairement la pièce en parabole de l'éducation. L'histoire d'Agis est celle d'une émancipation (civile, idéologique, politique). On ne perdra pas son temps à comparer *Le Triomphe* avec *L'École des mères* et *Les Acteurs de bonne foi* !

Mais cela ne joue pas que dans l'ordre purement amoureux. Le Roi de Castille, lui aussi, est soumis à l'épreuve dévoilante du travestissement. Au lieu de s'y dégrader comme Frédéric, son masque d'ambassadeur l'oblige, malgré qu'il en ait, à jouer le jeu vrai et pour lui inconnu du rapport personnel, de l'affrontement héroïsant des mérites personnels, que pointe la réécriture, si caractéristique du *Prince travesti*, du duel cornélien. Il se trouve en effet obligé, par son masque (revêtu pour connaître la femme, comme Lélio voulait connaître les hommes), de renoncer aux facilités et tentations mortelles du pouvoir : réduire l'autre au silence. Si Lélio possède comme par nature les vertus (c'est ce qui définit le héros et en fait tout le charme), le Roi, lui, est conduit par l'épreuve du masque galant sinon à les conquérir, du moins à les retrouver en lui. Il ne dévoile sa générosité, son fonds héroïque, qu'en masquant (provisoirement) le Roi. Ou plutôt, en se dépossédant lui-même des marques et insignes de la royauté, il peut enfin accéder au langage vrai qui fait coïncider nature royale et fonction royale, le sceptre et la main (on devine le rapport avec *L'Île des esclaves* qui, en somme, transpose cette fable du pouvoir relégitimé en utopie sociale fondée sur l'inversion ludique des positions de pouvoir).

Le masque sans visage

Cette polarité séduisante est pourtant troublée, pour notre plaisir, par le seul masque non métaphorique du théâtre marivaudien : le bondissant, l'agile, l'inquiétant Arlequin. Arlequin qui promène son masque noir, son vêtement à losanges et sa batte de bois de Sparte à Barcelone, de jardin philosophique en île utopique, des cuisines aux salles princières (Antoine Vitez, dans sa mise en scène du *Triomphe* à Milan, logeait Arlequin et Dimas dans des caves ténébreuses). Le seul vrai masque, c'est-à-dire le masque sans visage, le masque qui ne cache rien car, incarnation du théâtre, il est son rôle et rien que son rôle. Il échappe à la polarisation des sphères de valeurs, au dynamisme orienté du dévoilement. Autant qu'un personnage, en effet, il est un type. Comme le dit fort bien D. Soulié, qui l'interpréta dans *Le Prince travesti* mis en scène par Antoine Vitez, s'il a peur, c'est qu'il est peureux, car rien ne peut lui arriver, il est indestructible. Indestructible, toujours rebondissant, il ne donne prise ni à la dégradation comique ni à la valorisation sentimentale. Il glisse, fort de sa ruse candide, de sa candeur cynique. Il s'en sert et elle le sert. Que demande-t-on à Arlequin ? De rester ce qu'il est. Lui ôter son masque, c'est le tuer : plusieurs interprètes contemporains en ont fait la confidence étrange : à jouer sans masque, ils ont l'impression honteuse d'être nus. On ne saurait mieux dire. C'est parce qu'il est le masque qu'Arlequin peut faire entendre directement, sur scène, sans détour, le pur désir du corps, du sexe, de l'argent, la voix sans fard de la peur, de la trahison, du triomphe, du désespoir... Figure du Peuple, à la fois obséquieusement docile et joyeusement despotique ? Les *Lettres sur les habitants de Paris* [1] incitent à rêver sur cette hypothèse... Antoine Vitez y pressent plutôt l'âme du Diable : on serait assez tenté de le croire, au moins pour ce qui regarde *Le Prince travesti*, où Arlequin se surpasse. Mais pourquoi le Diable ne serait-il pas peuple ? Quoi qu'il en soit, le propre d'Arlequin, c'est d'échapper à la dialectique du masque et du visage, par une sorte d'innocence brute et énigmatique : celle de l'enfant, du sauvage, de l'animal — autant de métaphores classiques de cet Autre insaisissable, le... Peuple. Qu'on appelle, au théâtre, le Valet.

---

1. *Journaux et œuvres diverses*, édition citée.

III. DYNAMISME DE L'AMBIGUÏTÉ

L'ubiquité virevoltante d'Arlequin, ce mixte étrange mais indestructible de rouerie et d'ingénuité, de vice et de pureté, nous met sur la trace d'une autre dynamique. Malgré, en effet, la polarisation énergique des valeurs, malgré le guidage comique, parfois si agressivement orienté, malgré enfin la trajectoire du dévoilement, la prolifération spectaculaire des masques ne peut manquer d'installer une logique de l'ambiguïté. Si le théâtre de Marivaux a fini par rejoindre le panthéon des grands classiques, c'est aussi parce que l'aspiration à la transparence qui l'anime obstinément se heurte toujours à l'opacité irréductible des mensonges et des simulacres, à l'ambivalence du sens.

L'impossible transparence

L'emprise des subterfuges, des secrets, des trucages, des dérobades, est évidemment trop forte pour s'évanouir dans la fugacité des dénouements marivaudiens en forme d'aveux murmurés. Force est d'admettre qu'elle représente l'insupportable opacité du Monde, dénoncée depuis le XVIᵉ siècle (Du Bellay, *Les Regrets*), mais aussi exaltée (Gracián, *Le Héros*; Machiavel) : le théâtre de Marivaux pourrait se lire comme une dénégation par le rire. On ne saurait oublier par exemple que *Le Triomphe de l'amour* repose plus sur Hermocrate et Léontine que sur Agis : d'un simple point de vue quantitatif, le faux l'emporte sur le vrai, l'inauthentique sur l'authentique. Mais là n'est sans doute pas l'essentiel. La résistance du masque, l'obstacle à la transparence ne se situe pas seulement du côté du Monde, et notamment de cette figure perverse par excellence du commerce social qu'est la politique, c'est-à-dire la Cour, « monde perpétuellement masqué » (Saint-Simon). Car ce qui se joue dans le rapport politique, dans le rapport du pur calcul, se

joue également dans la liaison amoureuse, dans le
commerce sexuel ; rapprochement d'autant plus inévitable que nos pièces se caractérisent par le croisement
des deux axes, politique et sexuel. Paradoxalement,
c'est peut-être dans le rapport du désir que l'ambiguïté serait la plus forte. Mais on ne saurait évidemment épuiser ici toutes les figures de cette ambiguïté
de l'amour.

Il faut d'abord faire sa place à l'inconstance, car le
désir est inscrit dans le temps. Il a un début, un milieu
et une fin, comme toute bonne pièce de théâtre (voir le
récit d'Hortense dès la scène première du *Prince
travesti*). C'est bien sous la hantise de l'inconstance
que la Princesse vit le commerce d'Hortense et de
Lélio, avant d'apprendre la vérité (soulageante) de
leur rencontre antérieure. On dira qu'on n'a pas à
rêver sur l'au-delà du dénouement : curieuse cen-
sure... Mais ici, c'est bien le début qui nous oblige à
rêver sur la fin ! Bien plus, l'amour peut surgir en
coup de foudre (réciproque dans *Le Prince*, solitaire
pour Léonide), se conquérir par machination (Agis,
Hermocrate, Léontine) ou avorter sous nos yeux
(Arlequin et Lisette dans *L'Île des esclaves*), et même
s'acheter, désir sexuel et envie monétaire confondus
(Arlequin et Lisette dans *Le Prince*). Si l'amour se
fabrique, il peut donc se défaire. Il n'y a pas d'absolu,
pas de vérité stable, dure et compacte, de la passion.
Mais cette perspective ne peut pas non plus se
constituer en vérité unique. Il y a en fait balancement
dynamique entre la critique du sentiment et le rêve
romanesque, entre le masque et la transparence. *Le
Prince travesti* ouvre clairement l'espace d'une transparence des cœurs aimants, exaltée comme rarement
chez Marivaux, et laisse s'éteindre le chant d'un
amour non partagé, mais qui a manqué se nouer.
Notre gêne moderne devant le mariage de la Princesse
avec le Roi de Castille ne doit pas nous faire oublier
qu'elle se nourrit d'un romantisme implicite de la
passion, que la comédie du XVIIe siècle raillait (voir
Corneille) et que l'Église condamnait formellement au

fondement du mariage. D'où aussi une interprétation possible de la fin du *Triomphe de l'amour* : l'amour flambant neuf d'Hermocrate et de Léontine s'éteindra, non parce qu'il est né d'un leurre, mais parce qu'il y a toujours, dans l'amour, du leurre, de l'illusion. De la chimère et du calcul.

Les détours de l'amour

Aimer, c'est s'aliéner. La Princesse le sent, Hortense le sait (*Le Prince travesti*, I, 1), Agis l'a appris par l'Histoire et par son maître à penser, *Le Triomphe de l'amour* le montre avec une violence presque effrayante (mais le comique a rapport avec la peur) que le dénouement n'affaiblit pas. L'amour produit la peur, qui suscite le masque. Comme protection, comme défense de soi. C'est pourquoi la Princesse (celle qui ment le moins dans *Le Prince travesti* !) cherche à communiquer sans prendre les risques de l'échange (c'est le schéma même du *Jeu de l'amour et du hasard*, autrement dessiné...). Elle s'installe dans la parole oblique, le rapport ombrageux et médiat, l'intercession ambiguë (Hortense, messagère duplice), puis le message à double entente (dois-je épouser le Roi de Castille ?). Mais cette peur est encore plus trouble, et le sondage plus ambivalent : en envoyant Hortense auprès de Lélio, elle les expose l'un et l'autre à la tentation de l'inconstance, qui est une de ses hantises — et dont le seul tort est d'être vraie ! La fausse lettre porte à son comble cette extraordinaire délégation de la communication, qui est évidemment une des trouvailles les plus étonnantes de Marivaux dans son travail incessant sur les masques.

Bien entendu, on est tenté de dire qu'il s'agit là du délire jaloux d'un personnage tyrannique, jouant constamment et perversement de son pouvoir et de sa féminité. Ce serait méconnaître un paradoxe fondamental du théâtre de Marivaux : il y a une impossibilité intrinsèque de la transparence absolue. La vérité passe par le détour et le méandre. Si la transparence justifie le masque, il n'y a peut-être pas, inversement, de transparence sans médiation et persistance du voile. C'est ce que suggère le rapport d'Hortense et de Lélio. Contrairement, en effet, à la plupart des personnages marivaudiens, ils s'aiment d'emblée et n'aspirent qu'à jouir de l'échange amoureux, troublé seulement par la menace extérieure. De quoi rêvent-ils ? *De tout se dire sans se gêner : Le Prince travesti* inscrit dans l'aire de la pièce ce qui, ailleurs, dans le théâtre de Marivaux, est renvoyé dans le hors-scène et l'après-coup. Or, y compris dans cette situation exceptionnelle, masques et détours s'installent et se répandent : on voit même Hortense, chantre prétendu de la communication directe et de l'unisson amoureux, pousser obstinément Lélio à l'esquive et au mensonge. Mais *Le Triomphe de l'amour* nous propose un parcours encore plus extraordinaire, lui aussi exceptionnel dans le système marivaudien.

Ici, la parole, loin de ruser constamment avec la vérité, la crée de toutes pièces (comme la pièce crée son propre univers). Alors qu'Hortense se réfugie dans la réticence et le langage dilatoire, Léonide donne libre cours à l'expansion triomphale de la parole séductrice, effrontée, sans retenue ni pudeur. Elle pratique, avec une brutalité inouïe dont nous avons évidemment perdu la mesure, l'aveu direct, la déclaration d'amour enflammée, véhémente (je laisse de côté le système de masques seconds qui en scandent le cours). Y a-t-il, dans notre langue, avec Racine, plus beaux chants d'amour que ces tirades mensongères ? Mais tournons-nous maintenant, avec elle, vers Agis, qu'elle veut aussi séduire, *et qu'elle aime :* méandres, médiations, masques et détours réapparaissent dans le discours amoureux ! Comme si la forme la plus effrayante du mensonge transitait par la forme la plus nue, la plus directe, la plus pathétique, de l'aveu !

Le dévoilement brutal, immédiat, n'apparaît possible que comme leurre absolu. Et ce n'est sans doute pas un hasard s'il est contraint d'emprunter la forme de la tirade, la forme rhétorique, la forme d'un langage dramatique emprunté, importé (tragédies, opéras, *Lettres d'une religieuse portugaise*...), qu'on ne retrouve dans aucune comédie de Marivaux, et qu'on est tenté alors de rapprocher de la grande harangue de Frédéric, morceau de rhétorique dénoncé comme tel par Arlequin : « Il n'y aura donc que moi qui resterai un fripon, faute de savoir faire une harangue » (*Le Prince travesti*, II, 12). Est-ce à dire que la communication qui vise la transparence la plus limpide suppose la médiation de la réticence, de la litote, du non-dit, suscite la tentation du silence ou le relais d'autres signes, plus menus, plus furtifs ?

On serait tenté de dire, ce qui cadrerait assez bien avec le reste de l'œuvre, que cette dialectique du masque et du dévoilement aboutit à la dissolution de la Passion, un des fondements de la dramaturgie classique. L'originalité unique du *Triomphe de l'amour* est de nous donner à *entendre* la fausseté sublime, la rhétorique pathétique du discours passionnel — hystérie de la parole directe, de la communication compacte, véhémente. On se trouve peut-être là devant le travail le plus original de Marivaux dans cette pièce : une sorte de versant comique des *Liaisons dangereuses* ! Non pas que la comédie se moque de la passion en la parodiant ; mais en éliminant le pathos par le contexte comique, elle nous permet de jeter un regard froid et amusé sur la *méthode* de la passion. Nous en lisons sans effort toute la rhétorique, tout simplement parce que la structure de la pièce (le simulacre) autorise de faire tourner *à vide* le discours passionnel. Tel serait au fond le vrai sujet du *Triomphe* : écoutez, en riant, écoutez enfin, pour la première fois, ce que la passion nous dit et nous fait dire... Loin donc qu'il y ait des effets tragiques méconnus dans la pièce, la fonction du comique est ici d'exhiber, de dénuder l'essence du discours passionnel : son éloquence.

On peut aussi présenter les choses un peu autrement, et dire que ce discours est déjà comique en luimême précisément parce qu'il est discours, tirade, concentré de figures, mais qu'il s'agit d'un comique invisible ailleurs que dans *Le Monde vrai*[1] de la comédie. Cette langue de la passion ne peut pas être la langue de l'amour, car la vraie langue du cœur est toujours en passe d'expirer au bord de l'aphasie, car elle fuit d'instinct la redondance et l'explicite. La tirade est une forme comique : le théâtre de l'hystérie. Léontine et Hermocrate prennent pour le langage du cœur ce qui n'en est que la rhétorique : ils sont donc aussi de mauvais lecteurs, saturés de mauvaises lectures. En les faisant passer des voluptés de l'Esprit absolutisé à l'hystérie passionnelle, Marivaux les fait transiter d'une folie à une autre, d'un mensonge à un autre mensonge, et le comique sanctionne ce voyage donquichottesque.

Les clivages de la personne

Ce que le masque met aussi en cause, on l'a compris, c'est, notamment dans *Le Triomphe*, la cohérence du Caractère, autre pilier de la dramaturgie classique, que Diderot voudra remplacer par la représentation des Conditions. La mascarade aboutit à un étonnant clivage des personnages. Qui est qui ? C'est évidemment Léonide-Phocion-Aspasie qui pousse le plus loin l'éclatement de la personne en rôles, où le caractère classique tend à se dissoudre. De Léonide et de Phocion, de l'amante timide et séduite à la virtuose de la séduction, qui est la vraie ? Il apparaît alors on ne peut plus clairement que le masque ne peut pas s'opposer au visage, ou servir d'instrument qu'on rejette après usage. Il ne se distingue que malaisément de la personne ; plus exactement, il en manifeste une des potentialités énergiques. Pas tant celles d'un individu que celles de la nature humaine. La séduction, le calcul, la tromperie, etc., apparaissent alors comme une composante obligée de toute relation amoureuse, et sans doute sociale (donc politique).

1. *Journaux et œuvres diverses*, édition citée.

Est-ce une vue pessimiste ? Pas forcément. Car nos trois pièces valorisent incontestablement le simulacre, en le chargeant de valeurs profondes. Pas seulement parce qu'il dévoilerait les faux visages pervers. Mais aussi, et c'est décisif, parce que la mascarade est jeu, libération, expérimentation, invention, et que par là, elle rejoint le théâtre lui-même.

Cette notion de jeu est essentielle, car elle a rapport à la joie, à la liberté que l'homme peut conquérir contre les englûments dans le social ; on renverra sur ce point à la fois à *L'Indigent philosophe*[1], texte indispensable à qui veut réfléchir sur le théâtre de Marivaux, et aux *Acteurs de bonne foi*, où la jonction du théâtre et des valeurs constitue la fable même de la pièce : le refus du théâtre y recoupe en effet exactement le refus de l'amour, de la jeunesse, du plaisir (il est significatif que Frédéric, dans *Le Prince travesti*, I, 8, s'exclame : « Madame, les fêtes ne me conviennent plus »). Jeu et Joie : vous êtes Prince ? jouez à l'Homme, voilà somme toute ce que nous dit *Le Prince travesti*. Vous êtes Princesse ? jouez à faire triompher l'amour. Il ne s'agit pas de renverser, ni même toujours d'inverser ; mais de jouer avec les rôles sociaux et de susciter le rêve d'un monde plus clair et plus joyeux, où le rire a la vertu de se rire des vertus composées et compassées. Un rêve aussi peu sérieux et aussi grave que le théâtre.

Jean GOLDZINK.

---

1. *Journaux et œuvres diverses*, édition citée.

NOTE DE LA PRÉSENTE ÉDITION

MARIVAUX OU LA PARTITION INACHEVÉE

Il a fallu presque deux siècles pour revenir au texte « authentique » des pièces de Marivaux, celui des éditions originales. Le lecteur qui aurait la curiosité de comparer cette édition à celle de F. Deloffre (*Théâtre complet,* Garnier, 1968) s'expose pourtant à quelque surprise. C'est que, comme H. Coulet et M. Gilot dans leur édition du *Prince travesti* et du *Triomphe de l'amour* (Champion, 1983), je me suis efforcé de respecter la ponctuation des originales. Mais une fidélité archéologique serait ici certainement déraisonnable. Il faut donc procéder à des aménagements, dont l'ampleur et la nature dépendent des éditeurs et du public visé : mieux vaut le savoir, avant de se vouer au fétichisme du Texte. Il m'a par exemple paru inutile de choquer les habitudes du lecteur moderne en omettant le point d'exclamation après *ah* ou *oh,* ou le point d'interrogation à la fin d'une proposition nettement interrogative. L'orthographe est évidemment modernisée, ainsi que l'usage des majuscules. Mais on aimerait n'avoir à trancher que des cas de conscience aussi carrés... En vérité, à travers la ponctuation, c'est le rythme des phrases de Marivaux qui se révèle singulièrement plastique : retour du théâtre, art de l'oralité, sur la chose écrite.

Les astérisques renvoient à un glossaire à la fin du volume.

On cherchera les sources d'inspiration de cette pièce étrange dans la tradition romanesque, et chez Corneille et Racine. Mais pour que cette histoire devienne pièce, il fallait une *forme* théâtrale (tragi-comédie ou pièce de cape et d'épée) et surtout une *troupe*, c'est-à-dire des acteurs, une tradition originale de jeu sérieux (que le public parisien refusait pour l'essentiel), un code comique. Marivaux rencontra la troupe (ses chers Italiens), joua avec la forme, et en resta là. *Le Triomphe de l'amour* signera l'avortement de l'écriture héroïque chez Marivaux.

La composition mêle trois sphères : une sphère sentimentale (la Princesse, Hortense, Lélio), une sphère politique et éthique (Lélio, l'Ambassadeur, Frédéric), la sphère des valets (Arlequin et Lisette). C'est leur imbrication qui fait la singularité du *Prince travesti* dans le théâtre de Marivaux. Ce qui disparaît significativement dans *Le Triomphe*, c'est la seconde sphère, c'est-à-dire la dimension cornélienne, l'idéologie aristocratique flamboyante. Les valets ne s'évanouissent que dans des comédies tardives et secondaires (*Félicie*, 1757 ; *La Colonie*, 1750 ; *La Dispute*, 1744 ; *La Commère*, 1741 ; ou dans *L'Île de la raison*, 1727, pièce allégorique). Mais on n'oubliera pas que les première et dernière sphères, constitutives du système marivaudien, peuvent coïncider (*Arlequin poli par l'amour*, *La Double inconstance*, voire *L'Île des esclaves*).

L'originalité du *Prince travesti*, par rapport aux pièces précédentes, est de laisser dominer la jalousie et la peur. Lélio a donc, dans la sphère du sentiment, un rôle nettement en retrait, puisque sa conduite, dictée par Hortense, contredit son éthique et sa position royale. La logique de l'action exige parfois de lui des dépits amoureux qui frôlent l'aveuglement, pour ne pas dire plus : il sert en fait de faire-valoir aux magnifiques élans d'Hortense, quitte à se rattraper dans son rôle propre de Généreux. D'où un contraste qui donne à penser : si arrogant dans son idéologie de condition, dans sa morale d'état, si terne en amour ! Rodrigue de pacotille, comme si le discours cornélien s'était vidé, creusé... Le rôle ne vaut en réalité que par son manque, son porte-à-faux, son boitement, si bien vu par Antoine Vitez. L'avenir de Marivaux n'était sans doute pas dans ce travail, pourtant fascinant, sur la structure racinienne et l'idéologie cornélienne...

Cette sphère sentimentale produit deux sortes de scènes : entre Hortense et Lélio, entre Hortense et la Princesse. Car l'originalité de la pièce tient aussi à l'absence (obligée) de face-à-face entre la Princesse et Lélio, et à la disparition de celui-ci au dernier acte. Ces scènes sont de grandes scènes brillantes, qu'on ne peut donc multiplier : Frédéric et Arlequin ont charge de remplir l'action.

Le développement de la seconde sphère est fonction des impasses de la précédente, et l'on peut remarquer que si Marivaux s'efforce évidemment de les lier, les tentatives de Frédéric demeurent presque constamment sans effet. C'est dire qu'il vaut moins comme élément de l'intrigue que comme caractère : il a pour fonction essentielle de faire contraste, de permettre le déploiement du sublime politique. Opposition si violente, si tranchée qu'elle n'a pas non plus de véritable postérité dans l'œuvre de Marivaux. Marivaux sait parfaitement que les monstres et les méchants existent (comme en témoignent *Journaux et œuvres diverses* et

La Vie de Marianne), mais son théâtre ne fonctionne pas sur ces schémas). C'est pourquoi la première scène du *Prince travesti* ne laisse pas deviner ce duel cornélien chauffé à blanc : deux super-généreux contre un super-méchant. Ce qui mènerait au soupçon que Marivaux n'accède, sur scène, à l'héroïque qu'en frôlant la parodie. Et de fait, Frédéric tient du traître de comédie : étrange dénégation du mal. Marivaux n'est véritablement inquiétant que dans l'ambiguïté, entre la pure méchanceté et la générosité sublime. Mais c'est le prix à payer pour cette formule théâtrale qu'il tente pour la première et la dernière fois. Les trois vraies grandes figures de la pièce sont la Princesse, Hortense et Arlequin : elles nous donnent notre compte d'ambiguïté !

Celle de la Princesse est évidente, et soulignée tout au long de la pièce. Elle passe constamment du discours de l'amitié au discours de la menace, de la confidence à l'interrogatoire, et constitue son palais en vaste prison, en labyrinthe périlleux. Toute parole, auprès d'elle, compromet et trahit. L'approcher, c'est risquer la mort. Mais la sublime Hortense n'est pas si simple qu'elle le croit et qu'elle le dit. Qu'on y prenne garde : à aucun moment elle n'est tentée par une politique *généreuse*. Elle ne se contente pas de comprendre sans effort la logique secrète de son amie, elle la partage. Quand on tient un Lélio, dit-elle, on ne le lâche pas, on ne recule devant rien pour le garder ! Mais, dira-t-on, vous oubliez qu'elle l'aime d'avant : et alors ? On pourrait au demeurant faire l'économie de ce scénario : la Princesse imagine spontanément que sa meilleure amie lui vole Lélio. Ce que *La Dispute* (1744) met en scène aux origines du monde, à la source même du moi : Je désire passionnément ce que l'Autre désire...

Quant à Arlequin, il est entièrement construit sur cette ambivalence d'autant plus retorse qu'elle se pare des oripeaux à losanges de la naïveté. Or, si Frédéric ne joue somme toute aucun rôle, sinon celui de pousser Arlequin à la trahison, il n'en va pas de même pour ce dernier. Paradoxe donc d'une tragi-comédie qui fonctionne selon le schéma comique : deux Rois hors jeu par excès de générosité, un Ministre hors du coup par excès de méchanceté ; n'agissent que les femmes (dont Lisette) et Arlequin. D'où une curieuse structure : entre la première et la dernière sphère, diaboliquement symétriques et ambivalentes, la couche molle de l'idéologie aristocratique (qui va pourtant produire le seul dénouement possible) et de son envers caricatural. Molle, car exhibée pompeusement et à peu près inefficace... Comme si la pièce mettait elle-même en cause ce qu'elle exalte avec ostentation. Mais on peut aussi renverser la perspective et se dire que cette réactivation inattendue et apparemment non parodique de l'idéologie aristocratique nous intéresse précisément par son relatif non-fonctionnement ; comme si elle tenait Marivaux entre la fascination et l'embarras : qu'en faire ? Je tiendrais volontiers *Le Prince travesti* pour une sorte de rêve, de fiction : un voyage au monde où les princes sont princes, les valets valets, et les femmes féminines. Le dénouement s'impose quand la Princesse sacrifie la femme à la souveraine.

Ce qui est donc devenu, pour nous, énigmatique dans *Le Prince travesti*, c'est sa spécificité : cette sphère héroïque et aristocratique que nous ne savons comment interpréter, faute de pouvoir la relier à d'autres pièces de Marivaux.

Après une première tumultueuse (5 février 1724) la pièce passe bien la seconde fois, et connaît 17 représentations jusqu'au 17 avril, date de fermeture des théâtres, avec 650 spectateurs par représentation (la plus forte moyenne de Marivaux aux Italiens avant *L'Île des esclaves* et *Le Jeu de l'amour et du hasard*), atteignant même le record de 1 246 spectateurs à la quatrième, le dimanche 13 février. Avec environ 37 représentations attestées jusqu'à 1750, *Le Prince* occupe selon H. Lagrave le trente et unième rang parmi les « grandes pièces » françaises (en trois et cinq actes) jouées au Théâtre-Italien depuis 1716, le vingt-deuxième pour le nombre des spectateurs : 15 000 (*Le Théâtre et le public à Paris de 1715 à 1750*, Klincksieck, 1972). Marivaux a sans doute réécrit le troisième acte, qui avait déplu.

Abandonné après 1733, repris en 1759, *Le Prince travesti* disparaît apparemment de la scène jusqu'en 1897, et n'entre au répertoire de la Comédie-Française qu'en 1949. D. Mesguich, marqué par *La Dispute* de Chéreau, monte la pièce en 1974, et A. Vitez lui offre en 1983 le cadre de Chaillot et un superbe décor de Yannis Kokkos.

LE PRINCE TRAVESTI

Comédie en trois actes et en prose
représentée pour la première fois
le samedi 5 février 1724
par les Comédiens Italiens

Acteurs

LA PRINCESSE *de Barcelone*.
HORTENSE.
LE PRINCE *de Léon*, sous le nom de LÉLIO.
FRÉDÉRIC, ministre de la Princesse.
ARLEQUIN, valet de Lélio.
LISETTE, maîtresse d'Arlequin.
LE ROI *de Castille*, sous le nom d'Ambassadeur.
Un garde de la Princesse.
Femmes de la Princesse.

La scène est à Barcelone.

ACTE PREMIER

SCÈNE PREMIÈRE

LA PRINCESSE, HORTENSE

La scène représente une salle où la Princesse entre rêveuse, accompagnée de quelques femmes qui s'arrêtent au milieu du théâtre.

LA PRINCESSE, *se retournant vers ses femmes.*

Hortense ne vient point, qu'on aille lui dire encore que je l'attends avec impatience. *(Hortense entre.)* Je vous demandais, Hortense.

HORTENSE

Vous me paraissez bien agitée, Madame.

LA PRINCESSE, *à ses femmes.*

Laissez-nous. *(À Hortense.)* Ma chère Hortense, depuis un an que vous êtes absente, il m'est arrivé une grande aventure.

HORTENSE

Hier au soir en arrivant, quand j'eus l'honneur de vous revoir, vous me parûtes aussi tranquille que vous l'étiez avant mon départ.

LA PRINCESSE

Cela est bien différent, et je vous parus hier ce que je n'étais pas; mais nous avions des témoins, et d'ailleurs vous aviez besoin de repos.

HORTENSE

Que vous est-il donc arrivé, Madame ? car je compte
que mon absence n'aura rien diminué des bontés et de
la confiance que vous aviez pour moi.

LA PRINCESSE

Non sans doute, le sang nous unit, je sais votre
attachement pour moi, et vous me serez toujours
chère ; mais j'ai peur que vous ne condamniez mes
faiblesses.

HORTENSE

Moi, Madame, les condamner ? Eh ! n'est-ce pas un
défaut que de n'avoir point de faiblesse ? Que ferions-
nous d'une personne parfaite ? à quoi nous serait-elle
bonne ? Entendrait-elle quelque chose à nous, à notre
cœur, à ses petits besoins ? quel service pourrait-elle
nous rendre avec sa raison ferme et sans *quartier, qui
ferait *main basse sur tous nos *mouvements ?
Croyez-moi, Madame, il faut vivre avec les autres, et
avoir du moins moitié raison et moitié folie, pour lier
commerce, avec cela vous nous ressemblerez un peu ;
car pour nous ressembler tout à fait, il ne faudrait
presque que de la folie ; mais je ne vous en demande
pas tant. Venons au fait. Quel est le sujet de votre
inquiétude ?

LA PRINCESSE

J'aime, voilà ma peine.

HORTENSE

Que ne dites-vous : J'aime, voilà mon plaisir ? car
elle est faite comme un plaisir, cette peine que vous
dites.

LA PRINCESSE

Non, je vous assure, elle m'embarrasse beaucoup.

HORTENSE

Mais vous êtes aimée, sans doute ?

La Princesse

Je crois voir qu'on n'est pas ingrat.

HORTENSE

Comment, vous croyez voir ? celui qui vous aime met-il son amour en énigme ? Oh ! Madame, il faut que l'amour parle bien clairement et qu'il répète toujours, encore avec cela ne parle-t-il pas assez.

La Princesse

Je règne, celui dont il s'agit ne pense pas sans doute qu'il lui soit permis de s'expliquer autrement que par ses respects.

HORTENSE

Eh bien, Madame, que ne lui donnez-vous un pouvoir plus ample ? car qu'est-ce que c'est que du respect ? L'amour est bien *enveloppé là-dedans. Sans lui dire précisément : Expliquez-vous mieux, ne pouvez-vous lui glisser la valeur de cela dans quelque regard ? avec deux yeux ne dit-on pas ce que l'on veut ?

La Princesse

Je n'ose, Hortense, un reste de fierté me retient.

HORTENSE

Il faudra pourtant bien que ce reste-là s'en aille avec le reste, si vous voulez vous éclaircir. Mais quelle est la personne en question ?

La Princesse

Vous avez entendu parler de Lélio ?

HORTENSE

Oui, comme d'un illustre étranger, qui ayant rencontré notre armée y servit volontaire il y a six ou sept mois, et à qui nous dûmes le gain de la dernière bataille.

LA PRINCESSE

Celui qui commandait l'armée l'engagea par mon ordre à venir ici, et depuis qu'il y est, ses sages conseils dans mes affaires ne m'ont pas été moins avantageux que sa valeur, c'est d'ailleurs l'âme la plus *généreuse...

HORTENSE

Est-il jeune?

LA PRINCESSE

Il est dans la fleur de son âge.

HORTENSE

De bonne mine?

LA PRINCESSE

Il me le paraît.

HORTENSE

Jeune, aimable, vaillant, généreux et sage, cet homme-là vous a donné son cœur, vous lui avez rendu le vôtre en revanche, c'est cœur pour cœur, le troc est sans reproche, et je trouve que vous avez fait là un fort bon marché. Comptons; dans cet homme-là vous avez d'abord un *amant, ensuite un ministre, ensuite un général d'armée, ensuite un mari, s'il le faut, et le tout pour vous. Voilà donc quatre hommes pour un, et le tout en un seul, Madame; ce calcul-là mérite attention.

La Princesse

Vous êtes toujours badine. Mais cet homme qui en vaut quatre, et que vous voulez que j'épouse, savez-vous qu'il n'est, à ce qu'il dit, qu'un simple gentil-homme, et qu'il me faut un prince ? Il est vrai que dans nos États le privilège des princesses qui règnent est d'épouser qui elles veulent ; mais il ne sied pas toujours de se servir de ses privilèges.

Hortense

Madame, il vous faut un prince, ou un homme qui mérite de l'être, c'est la même chose ; un peu d'atten-tion, s'il vous plaît. Jeune, aimable, vaillant, généreux et sage, Madame, avec cela, fût-il né dans une chaumière, sa naissance est royale, et voilà mon prince, je vous défie d'en trouver un meilleur ; croyez-moi, je parle quelquefois sérieusement, vous et moi nous restons seules de la famille de nos maîtres, donnez à vos sujets un souverain vertueux, ils se consoleront avec sa vertu du défaut de sa naissance.

La Princesse

Vous avez raison, et vous m'encouragez ; mais, ma chère Hortense, il vient d'arriver ici un ambassadeur de Castille, dont je sais que la commission est de demander ma main pour son maître, aurais-je bonne *grâce de refuser un prince pour n'épouser qu'un particulier ?

Hortense

Si vous aurez bonne grâce ? eh ! qui en empêchera ? quand on refuse les gens bien poliment, ne les refuse-t-on pas de bonne grâce ?

La Princesse

Eh bien, Hortense, je vous en croirai, mais j'attends un service de vous, je ne saurais me résoudre à

montrer clairement mes dispositions à Lélio. Souffrez
que je vous charge de ce soin-là, et acquittez-vous-en
adroitement dès que vous le verrez.

HORTENSE

Avec plaisir, Madame, car j'aime à faire de bonnes
actions. À la charge que quand vous aurez épousé cet
honnête homme-là, il y aura dans votre histoire un
petit article que je dresserai moi-même, et qui dira
précisément : Ce fut la sage Hortense qui procura
cette bonne fortune au peuple, la Princesse craignait
de n'avoir pas bonne grâce en épousant Lélio :
Hortense lui leva ce vain scrupule, qui eût peut-être
privé la république de cette longue suite de bons
princes qui ressemblèrent à leur père. Voilà ce qu'il
faudra mettre pour la gloire de mes descendants, qui
par ce moyen auront en moi une aïeule d'heureuse
mémoire.

LA PRINCESSE

Quel fonds de gaieté !... mais ma chère Hortense,
vous parlez de vos descendants, vous n'avez été qu'un
an avec votre mari, qui ne vous a pas laissé d'enfants,
et toute jeune que vous êtes, vous ne voulez pas vous
remarier, où prendrez-vous votre postérité ?

HORTENSE

Cela est vrai, je n'y songeais pas, et voilà tout d'un
coup ma postérité anéantie... Mais trouvez-moi quelqu'un qui ait à peu près le mérite de Lélio, et le goût
du mariage me reviendra peut-être ; car je l'ai tout à
fait perdu, et je n'ai point tort. Avant que le comte
Rodrigue m'épousât, il n'y avait amour ancien ni
moderne qui pût figurer, auprès du sien. Les autres
amants auprès de lui rampaient comme de mauvaises
copies d'un excellent original : C'était une chose
admirable, c'était une passion formée de tout ce qu'on
peut imaginer en sentiments, langueurs, soupirs,

transports, délicatesses, douce impatience, et le tout
ensemble ; pleurs de joie au moindre regard favorable,
torrent de larmes au moindre coup d'œil un peu froid,
m'adorant aujourd'hui, m'idolâtrant demain, plus
qu'idolâtre ensuite, se livrant à des hommages toujours nouveaux ; enfin si l'on avait partagé sa passion
entre un million de cœurs, la part de chacun d'eux
aurait été fort raisonnable, j'étais enchantée ; deux
siècles, si nous les passions ensemble, n'épuiseraient
pas cette tendresse-là, disais-je en moi-même, en voilà
pour plus que je n'en userai ; je ne craignais qu'une
chose, c'est qu'il ne mourût de tant d'amour avant que
d'arriver au jour de notre union. Quand nous fûmes
mariés, j'eus peur qu'il n'expirât de joie. Hélas,
Madame, il ne mourut ni avant ni après, il * soutint
fort bien sa joie. Le premier mois elle fut violente ; le
second elle devint plus calme à l'aide d'une de mes
femmes qu'il trouva jolie ; le troisième elle baissa à vue
d'œil, et le quatrième il n'y en avait plus. Ah ! c'était
un triste personnage après cela que le mien.

La Princesse

J'avoue que cela est affligeant.

Hortense

Affligeant, Madame, affligeant ! imaginez-vous ce
que c'est que d'être humiliée, * rebutée, abandonnée,
et vous aurez quelque légère idée de tout ce qui
compose la douleur d'une jeune femme alors. Être
aimée d'un homme autant que je l'étais, c'est faire son
bonheur et ses délices, c'est être l'objet de toutes ses
complaisances, c'est régner sur lui, disposer de son
âme, c'est voir sa vie consacrée à vos désirs, à vos
caprices, c'est passer la vôtre dans la flatteuse convic-
tion de vos charmes, c'est voir sans cesse qu'on est
aimable : ah ! que cela est doux à voir, le charmant
point de vue pour une femme ! en vérité tout est perdu
quand vous perdez cela. Eh bien, Madame, cet
homme dont vous étiez l'idole, concevez qu'il ne vous

aime plus, et mettez-vous vis-à-vis de lui ; la jolie
figure que vous y ferez ! Quel opprobre ! Lui parlez-
vous ? toutes ses réponses sont des monosyllabes, oui,
non, car le dégoût est laconique. L'approchez-vous ? il
fuit, vous plaignez-vous ? il querelle ; quelle vie !
quelle chute ! quelle fin tragique ! Cela fait frémir
l'amour-propre. Voilà pourtant mes aventures, et si je
me rembarquais, j'ai du malheur, je ferais encore
naufrage, à moins que de trouver un autre Lélio.

La Princesse

Vous ne tiendrez pas votre colère, et je chercherai
de quoi vous réconcilier avec les hommes.

Hortense

Cela est inutile, je ne sache qu'un homme dans le
monde qui pût me convertir là-dessus, homme que je
ne connais point, que je n'ai jamais vu que deux jours.
Je revenais de mon château pour retourner dans la
province dont mon mari était gouverneur, quand ma
chaise fut attaquée par des voleurs qui avaient déjà fait
plier le peu de gens que j'avais avec moi. L'homme
dont je vous parle, accompagné de trois autres, vint à
mes cris, et fondit sur mes voleurs, qu'il contraignit à
prendre la fuite, j'étais presque évanouie, il vint à moi,
s'empressa à me faire revenir, et me parut le plus
aimable, et le plus galant homme que j'aie encore vu :
si je n'avais pas été mariée, je ne sais ce que mon cœur
serait devenu, je ne sais pas trop même ce qu'il devint
alors ; mais il ne s'agissait plus de cela, je priai mon
libérateur de se retirer. Il insista à me suivre près de
deux jours, à la fin je lui marquai que cela m'embar-
rassait, j'ajoutai que j'allais joindre mon mari, et je
tirai un diamant de mon doigt que je le pressai de
prendre, mais sans le regarder il s'éloigna très vite, et
avec quelque sorte de douleur. Mon mari mourut
deux mois après, et je ne sais par quelle fatalité
l'homme que j'ai vu m'est toujours resté dans l'esprit.
Mais il y a apparence que nous ne nous reverrons

jamais, ainsi mon cœur est en sûreté ; mais qui est-ce qui vient à nous ?

La Princesse

C'est un homme à Lélio.

Hortense

Il me vient une idée pour vous, ne saurait-il pas qui est son maître ?

La Princesse

Il n'y a pas d'apparence ; car Lélio perdit ses gens à la dernière bataille, et il n'a que de nouveaux domestiques.

Hortense

N'importe, faisons-lui toujours quelque question.

SCÈNE II

La Princesse, Hortense, Arlequin

Arlequin arrive d'un air désœuvré en regardant de tous côtés. Il voit la Princesse et Hortense, et veut s'en aller.

La Princesse

Que cherches-tu, Arlequin ? ton maître est-il dans le palais ?

Arlequin

Madame, je supplie Votre Principauté de pardonner l'impertinence de mon étourderie ; si j'avais su que votre présence eût été ici, je n'aurais pas été assez nigaud pour y venir apporter ma personne.

La Princesse

Tu n'as point fait de mal. Mais dis-moi, cherches-tu
ton maître ?

Arlequin

Tout juste, vous l'avez deviné, Madame ; depuis
qu'il vous a parlé tantôt, je l'ai perdu de vue dans cette
peste de maison, et ne vous déplaise, je me suis aussi
perdu moi. Si vous vouliez bien m'enseigner mon
chemin, vous me feriez plaisir ; il y a ici un si grand tas
de chambres, que j'y voyage depuis une heure sans en
trouver le bout. Par la *mardi, si vous louez tout cela,
cela vous doit rapporter bien de l'argent pourtant.
Que de fatras de meubles, de drôleries, de colifichets !
tout un village vivrait un an de ce que cela vaut.
Depuis six mois que nous sommes ici, je n'avais point
encore vu cela. Cela est si beau, si beau, qu'on n'ose
pas le regarder, cela fait peur à un pauvre homme
comme moi. Que vous êtes riches, vous autres
Princes ! et moi, qu'est-ce que je suis en comparaison
de cela ? mais n'est-ce pas encore une autre impertinence que je fais, de raisonner avec vous comme avec
ma pareille ? *Hortense rit.* Voilà votre camarade qui rit,
j'aurai dit quelque sottise. Adieu, Madame, je salue
Votre Grandeur.

La Princesse

Arrête, arrête...

Hortense

Tu n'as point dit de sottise, au contraire tu me
parais de bonne humeur.

Arlequin

Pardi je ris toujours, que voulez-vous je n'ai rien à
perdre, vous vous amusez à être riches vous autres, et
moi je m'amuse à être *gaillard, il faut bien que
chacun ait son amusette en ce monde.

HORTENSE

Ta condition est-elle bonne ? es-tu bien avec Lélio ?

ARLEQUIN

Fort bien ; nous vivons ensemble de bonne amitié,
je n'aime pas le bruit, ni lui non plus, je suis drôle, et
cela l'amuse : il me paie bien, me nourrit bien,
m'habille bien *honnêtement et de belle étoffe,
comme vous voyez, me donne par-ci par-là quelques
petits profits, sans ceux qu'il veut bien que je prenne,
et qu'il ne sait pas, et comme cela je passe tout
bellement ma vie.

LA PRINCESSE, *à part*.

Il est aussi babillard que joyeux.

ARLEQUIN

Est-ce que vous savez une meilleur condition pour
moi, Madame ?

HORTENSE

Non, je n'en sache point de meilleure que celle de
ton maître, car on dit qu'il est grand seigneur.

ARLEQUIN

Il a l'air d'un garçon de famille.

HORTENSE

Tu me réponds comme si tu ne savais pas qui il est.

ARLEQUIN

Non, je n'en sais rien, de bonne vérité. Je l'ai
rencontré comme il sortait d'une bataille, je lui fis un
petit plaisir, il me dit grand merci. Il disait que son
monde avait été tué, je lui répondis : Tant pis. Il me
dit : Tu me plais, veux-tu venir avec moi ? Je lui dis :

Tope, je le veux bien. Ce qui fut dit fut fait, il prit
encore d'autre monde, et puis le voilà qui part pour
venir ici, et puis moi je pars de même, et puis nous
voilà en voyage en *courant la poste, qui est le train
du diable; car parlant par respect, j'ai été près d'un
mois sans pouvoir m'asseoir. Ah! les mauvaises
*mazettes!

LA PRINCESSE, *en riant*.

Tu es un *historien bien exact.

ARLEQUIN

Oh! quand je conte [1] quelque chose, je n'oublie
rien; bref, tant y a que nous arrivâmes ici mon maître
et moi. La Grandeur de Madame l'a trouvé brave
homme, elle l'a favorisé de sa faveur; car on l'appelle
favori : il n'en est pas plus impertinent qu'il l'était
pour cela, ni moi non plus. Il est courtisé et moi aussi;
car tout le monde me respecte, tout le monde est ici en
peine de ma santé, et me demande mon amitié; moi,
je la donne à tout hasard, cela ne me coûte rien, ils en
feront ce qu'ils pourront, ils n'en feront pas grand-
chose. C'est un drôle de métier que d'avoir un maître
ici qui a fait fortune; tous les courtisans veulent être
les serviteurs de son valet.

LA PRINCESSE

Nous n'en apprendrons rien, allons-nous-en.
Adieu, Arlequin.

ARLEQUIN

Ah! Madame, sans compliment, je ne suis pas digne
d'avoir cet adieu-là. (*Quand elles sont parties.*) Cette
Princesse est une bonne femme; elle n'a pas voulu me
tourner le dos sans me faire une civilité. Bon, voilà
mon maître.

1. Jeu de mots sur *conter* et *compter* ?

SCÈNE III

LÉLIO, ARLEQUIN

LÉLIO

Qu'est-ce que tu fais ici ?

ARLEQUIN

J'y fais connaissance avec la Princesse, et j'y reçois ses compliments.

LÉLIO

Que veux-tu dire avec ta connaissance et tes compliments ? Est-ce que tu l'as vue, la Princesse ? Où est-elle ?

ARLEQUIN

Nous venons de nous quitter.

LÉLIO

Explique-toi donc, que t'a-t-elle dit ?

ARLEQUIN

Bien des choses. Elle me demandait si nous nous trouvions bien ensemble, comment s'appelaient votre père et votre mère, de quel métier ils étaient, s'ils vivaient de leurs rentes ou de celles d'autrui. Moi, je lui ai dit : Que le diable emporte celui qui les connaît ! je ne sais pas quelle mine ils ont, s'ils sont nobles ou vilains, gentilshommes ou laboureurs, mais que vous aviez l'air d'un enfant d'honnêtes gens. Après cela elle m'a dit : Je vous salue, et moi je lui ai dit : Vous me faites trop de grâces, et puis c'est tout.

LÉLIO, *à part.*

Quel galimatias ! tout ce que j'en puis comprendre,
c'est que la Princesse s'est informée de lui s'il me
connaissait ; enfin tu lui as donc dit que tu ne savais
pas qui je suis ?

ARLEQUIN

Oui : cependant je voudrais bien le savoir ; car
quelquefois cela me chicane : dans la vie il y a tant de
fripons, tant de vauriens qui courent par le monde
pour *fourber l'un, pour attraper l'autre, et qui ont
bonne mine comme vous ; je vous crois un honnête
garçon, moi.

LÉLIO, *en riant.*

Va, va, ne t'embarrasse pas, Arlequin, tu as bon
maître, je t'en assure.

ARLEQUIN

Vous me payez bien, je n'ai pas besoin d'autre
caution, et au cas que vous soyez quelque bohémien,
pardi au moins vous êtes un bohémien de bon
*compte.

LÉLIO

En voilà assez, ne sors point du respect que tu me
dois.

ARLEQUIN

Tenez, d'un autre côté je m'imagine quelquefois
que vous êtes quelque grand seigneur ; car j'ai entendu
dire qu'il y a eu des princes qui ont couru la
prétentaine pour s'ébaudir, et peut-être que c'est un
*vertigo qui vous a pris aussi.

LÉLIO, *à part.*

Ce benêt-là se serait-il aperçu de ce que je suis... Et
par où juges-tu que je pourrais être un prince ? Voilà

une plaisante idée ! est-ce par le nombre des équipages que j'avais quand je t'ai pris ? par ma magnificence ?

ARLEQUIN

Bon, belles bagatelles, tout le monde a de cela ; mais par la * mardi, personne n'a si bon cœur que vous, et il m'est avis que c'est là la marque d'un prince.

LÉLIO

On peut avoir le cœur bon sans être prince, et pour l'avoir tel, un prince a plus à travailler qu'un autre : mais comme tu es attaché à moi, je veux bien te confier que je suis un homme de condition qui me divertis à voyager inconnu pour étudier les hommes, et voir ce qu'ils sont dans tous les États, je suis jeune, c'est une étude qui me sera nécessaire un jour ; voilà mon secret, mon enfant.

ARLEQUIN

Ma foi cette étude-là ne vous apprendra que misère : ce n'était pas la peine de * courir la poste pour aller étudier toute cette racaille, qu'est-ce que vous ferez de cette connaissance des hommes ? vous n'apprendrez rien que des pauvretés.

LÉLIO

C'est qu'ils ne me tromperont plus.

Arlequin

Cela vous gâtera.

LÉLIO

* D'où vient ?

ARLEQUIN

Vous ne serez plus si bon enfant quand vous serez bien savant sur cette race-là. En voyant tant de canailles, par dépit canaille vous deviendrez.

LÉLIO, *à part les premiers mots.*

Il ne raisonne pas mal. Adieu, te voilà instruit, garde-moi le secret, je vais retrouver la Princesse.

ARLEQUIN

De quel côté tournerai-je pour retrouver notre cuisine ?

LÉLIO

Ne sais-tu pas ton chemin ? tu n'as qu'à traverser cette galerie-là.

SCÈNE IV

LÉLIO, *seul.*

LÉLIO

La Princesse cherche à me connaître, et me confirme dans mes soupçons, les services que je lui ai rendu ont disposé son cœur à me vouloir du bien, et mes respects empressés l'ont persuadée que je l'aimais sans oser le dire. Depuis que j'ai quitté les États de mon père, et que je voyage sous ce déguisement pour hâter l'expérience dont j'aurai besoin, si je règne un jour, je n'ai fait nulle part un séjour si long qu'ici, à quoi donc aboutira-t-il ? Mon père souhaite que je me marie, et me laisse le choix d'une épouse. Ne dois-je pas m'en tenir à cette Princesse ? Elle est aimable, et si je lui plais, rien n'est plus flatteur pour moi que son inclination, car elle ne me connaît pas. N'en cherchons donc point d'autre qu'elle ; déclarons-lui qui je suis, enlevons-la au Prince de Castille qui envoie la demander. Elle ne m'est pas indifférente ; mais que je l'aimerais sans le souvenir inutile que je garde encore de cette belle personne que je sauvai des mains des voleurs !

SCÈNE V

LÉLIO, HORTENSE,
à qui un garde dit en montrant Lélio.

UN GARDE

Le voilà, Madame.

LÉLIO, *surpris.*

Je connais cette dame-là.

HORTENSE, *étonnée.*

Que vois-je?

LÉLIO, *s'approchant.*

Me reconnaissez-vous, Madame?

HORTENSE

Je crois que oui, Monsieur.

LÉLIO

Me fuirez-vous encore?

HORTENSE

Il le faudra peut-être bien.

LÉLIO

Eh! pourquoi donc le faudra-t-il? vous déplais-je tant que vous ne puissiez au moins supporter ma vue?

HORTENSE

Monsieur, la conversation commence d'une manière qui m'embarrasse, je ne sais que vous répondre, je ne saurais vous dire que vous me plaisez.

LÉLIO

Non, Madame, je ne l'exige point non plus, ce
bonheur-là n'est pas fait pour moi, et je ne mérite sans
doute que votre indifférence.

HORTENSE

Je ne serais pas assez * modeste, si je vous disais que
vous l'êtes trop ; mais de quoi s'agit-il ? je vous estime,
je vous ai une grande obligation ; nous nous retrou-
vons ici, nous nous reconnaissons, vous n'avez pas
besoin de moi, vous avez la Princesse, que pourriez-
vous me vouloir encore ?

LÉLIO

Vous demander la seule consolation de vous ouvrir
mon cœur.

HORTENSE

Oh ! je vous consolerais mal ; je n'ai point de talent
pour être confidente.

LÉLIO

Vous, confidente, Madame ! ah ! vous ne voulez pas
m'entendre.

HORTENSE

Non, je suis * naturelle, et pour preuve de cela,
vous pouvez vous expliquer mieux, je ne vous en
empêche point, cela est sans conséquence.

LÉLIO

Eh quoi, Madame, le chagrin que j'eus en vous
quittant il y a sept ou huit mois, ne vous a point appris
mes sentiments ?

HORTENSE

Le chagrin que vous eûtes en me quittant ? et à propos de quoi ? qu'est-ce que c'était que votre tristesse ? rappelez-m'en le sujet, voyons, car je ne m'en souviens plus.

LÉLIO

Que ne m'en coûta-t-il pas pour vous quitter ? vous que j'aurais voulu ne quitter jamais, et dont il faudra pourtant que je me sépare.

HORTENSE

Quoi ! c'est là ce que vous entendiez ? en vérité je suis confuse de vous avoir demandé cette explication-là : je vous prie de croire que j'étais dans la meilleure foi du monde.

LÉLIO

Je vois bien que vous ne voudrez jamais en apprendre davantage.

HORTENSE, *le regardant de côté.*

Vous ne m'avez donc point oubliée ?

LÉLIO

Non, Madame, je ne l'ai jamais pu, et puisque je vous revois, je ne le pourrai jamais... Mais quelle était mon erreur, quand je vous quittai ! je crus recevoir de vous un regard dont la douceur me pénétra ; mais je vois bien que je me suis trompé.

HORTENSE

Je me souviens de ce regard-là par exemple.

LÉLIO

Eh ! que pensiez-vous, Madame, en me regardant ainsi ?

HORTENSE

Je pensais apparemment que je vous devais la vie.

LÉLIO

C'était donc une pure reconnaissance ?

HORTENSE

J'aurais de la peine à vous rendre compte de cela ; j'étais pénétrée du service que vous m'aviez rendu, de votre générosité, vous alliez me quitter, je vous voyais triste, je l'étais peut-être moi-même, je vous regardai comme je pus, sans savoir comment, sans me gêner ; il y a des moments où des regards signifient ce qu'ils peuvent, on ne répond de rien, on ne sait trop ce qu'on y met, il y entre trop de choses, et peut-être de tout. Tout ce que je sais, c'est que je me serais bien passée de savoir votre secret.

LÉLIO

Eh ! que vous importe de le savoir, puisque j'en souffrirai tout seul ?

HORTENSE

Tout seul ! ôtez-moi donc mon cœur, ôtez-moi ma reconnaissance, ôtez-vous vous-même... Que vous dirai-je ? je me méfie de tout.

LÉLIO

Il est vrai que votre pitié m'est bien due, j'ai plus d'un chagrin, vous ne m'aimerez jamais, et vous m'avez dit que vous étiez mariée.

HORTENSE

Eh bien, je suis veuve, perdez du moins la moitié de vos chagrins ; à l'égard de celui de n'être point aimé...

LÉLIO

Achevez, Madame, à l'égard de celui-là ?

HORTENSE

Faites comme vous pourrez, je ne suis pas mal intentionnée... Mais supposons que je vous aime, n'y a-t-il pas une Princesse qui croit que vous l'aimez, qui vous aime peut-être elle-même, qui est la maîtresse ici, qui est vive, qui peut disposer de vous et de moi ? À quoi donc mon amour aboutirait-il ?

LÉLIO

Il n'aboutira à rien, dès lors qu'il n'est qu'une supposition.

HORTENSE

J'avais oublié que je le supposais.

LÉLIO

Ne deviendra-t-il jamais réel ?

HORTENSE, *s'en allant.*

Je ne vous dirai plus rien ; vous m'avez demandé la consolation de m'ouvrir votre cœur, et vous me trompez ; au lieu de cela vous prenez la consolation de voir dans le mien : je sais votre secret, en voilà assez ; laissez-moi garder le mien, si je l'ai encore. *Elle part.*

LÉLIO, *un moment seul.*

Voici un coup de hasard qui change mes desseins ; il ne s'agit plus maintenant d'épouser la Princesse ; tâchons de m'assurer parfaitement du cœur de la personne que j'aime, et s'il est vrai qu'il soit sensible pour moi...

HORTENSE *revient*.

J'oubliais à vous informer d'une chose, la Princesse vous aime, vous pouvez aspirer à tout, je vous l'apprends de sa part, il en arrivera ce qu'il pourra. Adieu.

LÉLIO, *l'arrêtant avec un air et un ton de surprise*.

Hé ! de grâce, Madame, arrêtez-vous un instant. Quoi ! la Princesse elle-même vous aurait chargée de me dire...

HORTENSE

Voilà de grands transports ; mais je n'ai pas charge de les rapporter, j'ai dit ce que j'avais à vous dire, vous m'avez entendue, je n'ai pas le temps de le répéter, et je n'ai rien à savoir de vous. *Elle s'en va, Lélio ★ piqué l'arrête*.

LÉLIO

Et moi, Madame, ma réponse à cela est que je vous adore, et je vais de ce pas la porter à la Princesse.

HORTENSE, *l'arrêtant*.

Y songez-vous ? si elle sait que vous m'aimez, vous ne pourrez plus me le dire, je vous en avertis.

LÉLIO

Cette réflexion m'arrête. Mais il est cruel de se voir soupçonné de joie, quand on n'a que du trouble.

HORTENSE, *d'un air de dépit*.

Oh ! fort cruel ! vous avez raison de vous fâcher, la vivacité qui vient de me prendre vous fait beaucoup de tort, il doit vous rester de violents chagrins !

LÉLIO, *lui baisant la main.*

Il ne me reste que des sentiments de tendresse, qui ne finiront qu'avec ma vie.

HORTENSE

Que voulez-vous que je fasse de ces sentiments-là ?

LÉLIO

Que vous les honoriez d'un peu de retour.

HORTENSE

Je ne veux point ; car je n'oserais.

LÉLIO

Je réponds de tout, nous prendrons nos mesures, et je suis d'un rang...

HORTENSE

Votre rang est d'être un homme aimable et vertueux, et c'est là le plus beau rang du monde ; mais je vous dis encore une fois que cela est résolu, je ne vous aimerai point, je n'en conviendrai jamais. Qui ? moi, vous aimer... vous accorder mon amour, pour vous empêcher de régner, pour causer la perte de votre liberté, peut-être pis ! mon cœur vous ferait là de beaux présents ! Non, Lélio, n'en parlons plus, donnez-vous tout entier à la Princesse, je vous le pardonne, cachez votre tendresse pour moi, ne me demandez plus la mienne, vous vous exposeriez à l'obtenir, je ne veux point vous l'accorder, je vous aime trop pour vous perdre, je ne peux pas vous mieux dire. Adieu ; je crois que quelqu'un vient.

LÉLIO *l'arrête.*

J'obéirai, je me conduirai comme vous voudrez, je ne vous demande plus qu'une grâce, c'est de vouloir bien, quand l'occasion s'en présentera, que j'aie encore une conversation avec vous.

HORTENSE

Prenez-y garde, une conversation en amènera une autre, et cela ne finira point, je le sens bien.

LÉLIO

Ne me refusez pas.

HORTENSE

N'abusez point de l'envie que j'ai d'y consentir.

LÉLIO

Je vous en conjure.

HORTENSE, *en s'en allant*.

Soit, perdez-vous donc, puisque vous le voulez.

SCÈNE VI

LÉLIO, *seul*.

LÉLIO

Je suis au comble de la joie ; j'ai retrouvé ce que j'aimais, j'ai touché le seul cœur qui pouvait rendre le mien heureux ; il ne s'agit plus que de convenir avec cette aimable personne de la manière dont je m'y prendrai pour m'assurer sa main.

SCÈNE VII

FRÉDÉRIC, LÉLIO

FRÉDÉRIC

Puis-je avoir l'honneur de vous dire un mot ?

LÉLIO

Volontiers, Monsieur.

FRÉDÉRIC

Je me flatte d'être de vos amis.

LÉLIO

Vous me faites honneur.

FRÉDÉRIC

Sur ce pied-là je prendrai la liberté de vous prier
d'une chose. Vous savez que le premier secrétaire
d'État de la Princesse vient de mourir, et je vous avoue
que j'aspire à sa place ; dans le rang où je suis, je n'ai
plus qu'un pas à faire pour la remplir ; naturellement
elle me paraît due : il y a vingt-cinq ans que je sers
l'État en qualité de conseiller de la Princesse, je sais
combien elle vous estime et défère à vos avis, je vous
prie de faire en sorte qu'elle pense à moi, vous ne
pouvez obliger personne qui soit plus votre serviteur
que je le suis. On sait à la Cour en quels termes je parle
de vous.

LÉLIO, *le regardant d'un air aisé.*

Vous y dites donc beaucoup de bien de moi [1].

---

1. On est évidemment tenté de ponctuer ici, comme pour
d'autres phrases, par un point d'interrogation, contrairement à
l'originale. Peut-être vaut-il mieux, grâce à la relative neutralité du
point, laisser le champ libre à l'interprétation du lecteur, et du
comédien.

FRÉDÉRIC

Assurément.

LÉLIO

Ayez la bonté de me regarder un peu fixement en me disant cela.

FRÉDÉRIC

Je vous le répète encore. D'où vient que vous me tenez ce discours ?

LÉLIO, *après l'avoir examiné.*

Oui, vous soutenez cela à merveille ; l'admirable homme de Cour que vous êtes !

FRÉDÉRIC

Je ne vous comprends pas.

LÉLIO

Je vais m'expliquer mieux. C'est que le service que vous me demandez ne vaut pas qu'un *honnête homme pour l'obtenir, s'abaisse jusqu'à trahir ses sentiments.

FRÉDÉRIC

Jusqu'à trahir mes sentiments ! et par où jugez-vous que l'amitié dont je vous parle ne soit pas vraie ?

LÉLIO

Vous me haïssez, vous dis-je, je le sais, et ne vous en veux aucun mal, il n'y a que l'artifice dont vous vous servez que je condamne.

FRÉDÉRIC

Je vois bien que quelqu'un de mes ennemis vous aura indisposé contre moi.

Lélio

C'est de la Princesse elle-même que je tiens ce que je vous dis, et quoiqu'elle ne m'en ait fait aucun mystère, vous ne le sauriez pas sans vos compliments. J'ignore si vous avez craint la confiance dont elle m'honore ; mais depuis que je suis ici, vous n'avez rien oublié pour lui donner de moi des idées désavantageuses, et vous tremblez tous les jours, dites-vous, que je ne sois un espion gagé de quelque puissance, ou quelque aventurier qui s'enfuira au premier jour avec de grandes sommes, si on le met en état d'en prendre, oh ! si vous appelez cela de l'amitié, vous en avez beaucoup pour moi ; mais vous aurez de la peine à faire passer votre définition.

Frédéric, *d'un ton sérieux.*

Puisque vous êtes si bien instruit, je vous avouerai franchement que mon zèle pour l'État m'a fait tenir ces discours-là, et que je craignais qu'on ne se repentît de vous *avancer trop, je vous ai cru suspect et dangereux ; voilà la vérité.

Lélio

Parbleu vous me charmez de me parler ainsi ! vous ne vouliez me perdre que parce que vous me soupçonniez d'être dangereux pour l'État, vous êtes louable, Monsieur, et votre zèle est digne de récompense, il me servira d'exemple. Oui, je le trouve si beau que je veux l'imiter, moi qui dois tant à la Princesse. Vous avez craint qu'on ne m'avançât, parce que vous me croyez un espion, et moi je craindrais qu'on ne vous fît ministre, parce que je ne crois pas que l'État y gagnât, ainsi je ne parlerai point pour vous. Ne m'en louez-vous pas aussi ?

Frédéric

Vous êtes fâché.

LÉLIO

Non, en homme d'honneur, je ne suis pas * fait
pour me venger de vous.

FRÉDÉRIC

Rapprochons-nous. Vous êtes jeune, la Princesse
vous estime, et j'ai une fille aimable, qui est un assez
bon parti; unissons nos intérêts, et devenez mon
gendre.

LÉLIO

Vous n'y pensez pas, mon cher Monsieur, ce
mariage-là serait une conspiration contre l'État, il
faudrait travailler à vous faire ministre.

FRÉDÉRIC

Vous refusez l'offre que je vous fais ?

LÉLIO

Un espion devenir votre gendre, votre fille devenir
la femme d'un aventurier ! Ah ! je vous demande grâce
pour elle, j'ai pitié de la victime que vous voulez
sacrifier à votre ambition, c'est trop aimer la fortune.

FRÉDÉRIC

Je crois offrir ma fille à un homme d'honneur, et
d'ailleurs vous m'accusez d'un plaisant crime, d'aimer
la fortune ! Qui est-ce qui n'aimerait pas à gouverner ?

LÉLIO

Celui qui en serait digne.

FRÉDÉRIC

Celui qui en serait digne ?

LÉLIO

Oui, et c'est l'homme qui aurait plus de vertu que
d'ambition et d' *avarice. Oh! cet homme-là n'y
verrait que de la peine.

FRÉDÉRIC

Vous avez bien de la fierté.

LÉLIO

Point du tout, ce n'est que du zèle.

FRÉDÉRIC

Ne vous flattez pas tant, on peut tomber de plus
haut que vous n'êtes, et la Princesse verra clair un
jour.

LÉLIO

Ah! vous voilà dans votre figure naturelle, je vous
vois le visage à présent, il n'est pas joli; mais cela vaut
toujours mieux que le masque que vous portiez tout à
l'heure.

SCÈNE VIII

LÉLIO, FRÉDÉRIC, LA PRINCESSE

LA PRINCESSE

Je vous cherchais, Lélio. Vous êtes de ces personnes
que les souverains doivent s'attacher; il ne tiendra pas
à moi que vous ne vous fixiez ici, et j'espère que vous
accepterez l'emploi de mon premier secrétaire d'État,
que je vous offre.

Lélio

Vos bontés sont infinies, Madame, mais mon métier
est la guerre.

La Princesse

Vous faites mieux qu'un autre tout ce que vous
voulez faire, et quand votre présence sera nécessaire à
l'armée, vous choisirez pour exercer vos fontions ici
ceux que vous en jugerez les plus capables, ce que
vous ferez n'est pas sans exemple dans cet État.

Lélio

Madame, vous avez d'habiles gens ici, d'anciens
serviteurs, à qui cet emploi convient mieux qu'à moi.

La Princesse

La supériorité de mérite doit l'emporter en pareil
cas sur l'ancienneté des services, et d'ailleurs Frédéric
est le seul que cette fonction pouvait regarder, si vous
n'y étiez pas, mais il m'est affectionné, et je suis sûre
qu'il se soumet de bon cœur au choix qui m'a paru le
meilleur. Frédéric, soyez ami de Lélio, je vous le
recommande. *Frédéric fait une profonde révérence. La
Princesse continue.* C'est aujourd'hui le jour de ma
naissance, et ma Cour, suivant l'usage, me donne
aujourd'hui une fête que je vais voir. Lélio, donnez-
moi la main pour m'y conduire, vous y verra-t-on,
Frédéric ?

Frédéric

Madame, les fêtes ne me conviennent plus.

SCÈNE IX

FRÉDÉRIC, *seul*.

FRÉDÉRIC

Si je ne viens à bout de perdre cet homme-là, ma chute est sûre. Un homme sans nom, sans parents, sans patrie, car on ne sait d'où il vient, m'arrache le ministère, le fruit de trente années de travail. Quel coup de malheur ! je ne puis digérer une aussi bizarre aventure, et je n'en saurais douter : c'est l'amour qui a nommé ce ministre-là ; oui, la Princesse a du penchant pour lui. Ne pourrait-on savoir l'histoire de sa vie errante, et prendre ensuite quelques mesures avec l'ambassadeur du Roi de Castille, dont j'ai la confiance ? Voici le valet de cet aventurier, tâchons à quelque prix que ce soit de le mettre dans mes intérêts, il pourra m'être utile. Bonjour Arlequin.

SCÈNE X

FRÉDÉRIC, ARLEQUIN

Il entre en comptant de l'argent dans son chapeau.

FRÉDÉRIC

Es-tu bien riche ?

ARLEQUIN

Chut ! Vingt-quatre, vingt-cinq, vingt-six, et vingt-sept * sols. J'en avais trente, comptez, vous, Monsieur le conseiller, n'est-ce pas trois sols que je perds ?

FRÉDÉRIC

Cela est juste.

Arlequin

Hé bien, que le diable emporte le jeu, et les fripons avec !

Frédéric

Quoi, tu jures pour trois sols de perte ! Oh ! je veux te rendre la joie. Tiens, voilà une * pistole.

Arlequin

Le brave conseiller que vous êtes ! *(Il saute.)* Hi hi ! Vous méritez bien une cabriole.

Frédéric

Te voilà de meilleure humeur.

Arlequin

Quand j'ai dit, Que le diable emporte les fripons, je ne vous comptais pas au moins.

Frédéric

J'en suis persuadé.

Arlequin, *recomptant son argent.*

Mais il me manque toujours trois sols.

Frédéric

Non, car il y a bien des trois sols dans une pistole.

Arlequin

Il y a bien des trois sols dans une pistole ; mais cela ne fait rien aux trois sols qui manquent dans mon chapeau.

Frédéric

Je vois bien qu'il t'en faut encore une autre.

ARLEQUIN

Ho ho ! deux cabrioles.

FRÉDÉRIC

Aimes-tu l'argent ?

ARLEQUIN

Beaucoup.

FRÉDÉRIC

Tu serais donc bien aise de faire une petite fortune ?

ARLEQUIN

Quand elle serait grosse, je la prendrais en patience.

FRÉDÉRIC

Écoute, j'ai bien peur que la faveur de ton maître ne soit pas longue ; elle est un grand coup de hasard.

ARLEQUIN

C'est comme s'il l'avait gagnée aux cartes.

FRÉDÉRIC

Le connais-tu ?

ARLEQUIN

Non ; je crois que c'est quelque enfant trouvé.

FRÉDÉRIC

Je te conseillerais de t'attacher à quelqu'un de stable, à moi, par exemple.

ARLEQUIN

Ah ! vous avez l'air d'un bon homme ; mais vous êtes trop vieux.

FRÉDÉRIC

Comment, trop vieux !

ARLEQUIN

Oui, vous mourrez bientôt, et vous me laisseriez orphelin de votre amitié.

FRÉDÉRIC

J'espère que tu ne seras pas bon prophète ; mais je puis te faire beaucoup de bien en très peu de temps.

ARLEQUIN

Tenez, vous avez raison, mais on sait bien ce qu'on quitte, et l'on ne sait pas ce que l'on prend. Je n'ai point d'esprit, mais de la prudence j'en ai que c'est une merveille, et voilà comme je dis : Un homme qui se trouve bien assis, qu'a-t-il besoin de se mettre debout ? J'ai bon pain, bon vin, bonne fricassée, et bon visage, cent écus par an et les étrennes au bout, cela n'est-il pas magnifique ?

FRÉDÉRIC

Tu me cites là de beaux avantages ! Je ne prétends pas que tu t'attaches à moi pour être mon domestique, je veux te donner des emplois qui t'enrichiront, et par-dessus le marché, te marier avec une jolie fille qui a du bien.

ARLEQUIN

Oh dame, ma prudence dit que vous avez raison, je suis debout, et vous me faites asseoir, cela vaut mieux.

FRÉDÉRIC

Il n'y a point de comparaison.

ARLEQUIN

Pardi! vous me traitez comme votre enfant, il n'y a pas à *tortiller à cela. Du bien, des emplois et une jolie fille; voilà une pleine boutique de vivres, d'argent et de friandises; par la *sanguienne, vous m'aimez beaucoup pourtant!

FRÉDÉRIC

Oui, ta physionomie me plaît, je te trouve un bon garçon.

ARLEQUIN

Oh! pour cela je suis drôle comme un *coffre; laissez faire, nous rirons comme des fous ensemble : mais allons faire venir ce bien, ces emplois, et cette jolie fille; car j'ai hâte d'être riche et bien aise.

FRÉDÉRIC

Ils te sont assurés, te dis-je; mais il faut que tu me rendes un petit service, puisque tu te donnes à moi, tu n'en dois pas faire de difficulté.

ARLEQUIN

Je vous regarde comme mon père.

FRÉDÉRIC

Je ne veux de toi qu'une bagatelle. Tu es chez le seigneur Lélio, je serais curieux de savoir qui il est. Je souhaiterais donc que tu y restasses encore trois semaines ou un mois, pour me rapporter tout ce que tu lui entendras dire en particulier, et tout ce que tu lui verras faire. Il peut arriver que dans des moments un homme chez lui dise de certaines choses et en fasse d'autres qui le décèlent, et dont on peut tirer des conjectures. Observe tout soigneusement, et en attendant que je te récompense entièrement, voilà par avance de l'argent que je te donne encore.

ARLEQUIN

Avancez-moi encore la fille, nous la rabattrons sur le reste.

FRÉDÉRIC

On ne paye un service qu'après qu'il est rendu, mon enfant, c'est la coutume.

ARLEQUIN

Coutume de * vilain que cela !

FRÉDÉRIC

Tu n'attendras que trois semaines.

ARLEQUIN

J'aime mieux vous faire mon billet, comme quoi j'aurai reçu cette fille à compte : je ne plaiderai point contre mon écrit.

FRÉDÉRIC

Tu me serviras de meilleur courage en l'attendant, acquitte-toi d'abord de ce que je dis, pourquoi hésites-tu ?

ARLEQUIN

Tout franc, c'est que la commission me chiffonne.

FRÉDÉRIC

Quoi ! tu mets mon argent dans ta poche, et tu refuses de me servir ?

ARLEQUIN

Ne parlons point de votre argent, il est fort bon, je n'ai rien à lui dire ; mais tenez, j'ai opinion que vous voulez me donner un office de fripon ; car qu'est-ce

que vous voulez faire des paroles du seigneur Lélio
mon maître ? Là !

FRÉDÉRIC

C'est une simple curiosité qui me prend.

ARLEQUIN

Hum... il y a de la malice là-dessous ; vous avez l'air
d'un sournois, je m'en vais gager dix sols contre vous
que vous ne valez rien.

FRÉDÉRIC

Que te mets-tu donc dans l'esprit ? tu n'y songes
pas, Arlequin.

ARLEQUIN, *d'un ton triste.*

Allez, vous ne devriez pas tenter un pauvre garçon
qui n'a pas plus d'honneur qu'il lui en faut, et qui
aime les filles. J'ai bien de la peine à m'empêcher
d'être un coquin, faut-il que l'honneur me ruine, qu'il
m'ôte mon bien, mes emplois et une jolie fille ? par la
*mardi, vous êtes bien méchant, d'avoir été trouver
l'invention de cette fille.

FRÉDÉRIC, *à part.*

Ce butor-là m'inquiète avec ses réflexions : encore
une fois, es-tu fou d'être si longtemps à prendre ton
parti ? d'où vient ton scrupule ? de quoi s'agit-il ? de
me donner quelques instructions innocentes sur le
chapitre d'un homme inconnu, qui demain tombera
peut-être, et qui te laissera sur le pavé. Songes-tu bien
que je t'offre la fortune, et que tu la perds ?

ARLEQUIN

Je songe que cette commission-là sent le *tricot tout
pur, et par bonheur que ce tricot fortifie mon pauvre
honneur qui a pensé *barguigner. Tenez, votre jolie

fille, ce n'est qu'une guenon, vos emplois de la marchandise de chien ; voilà mon dernier mot, et je m'en vais tout droit trouver la Princesse et mon maître, peut-être qu'ils récompenseront le dommage que je souffre pour l'amour de ma bonne conscience.

FRÉDÉRIC

Comment ! tu vas trouver la Princesse et ton maître ; et * d'où vient ?

ARLEQUIN

Pour leur conter mon * désastre, et toute votre * marchandise.

FRÉDÉRIC

Misérable ! as-tu donc résolu de me perdre, de me déshonorer ?

ARLEQUIN

Bon, quand on n'a point d'honneur, est-ce qu'il faut avoir de la réputation ?

FRÉDÉRIC

Si tu parles, malheureux que tu es, je prendrai de toi une vengeance terrible, ta vie me répondra de ce que tu feras, m'entends-tu bien ?

ARLEQUIN, *se moquant*.

Brrrr ! Ma vie n'a jamais servi de caution ; je boirai encore bouteille trente ans après votre trépassement. Vous êtes vieux comme le père à * trétous, et moi je m'appelle le cadet Arlequin. Adieu.

FRÉDÉRIC, *outré*.

Arrête, Arlequin, tu me mets au désespoir, tu ne sais pas la conséquence de ce que tu vas faire, mon enfant, tu me fais trembler ; c'est toi-même que je te conjure d'épargner en te priant de sauver mon honneur ; encore une fois arrête, la situation d'esprit où tu me mets ne me punit que trop de mon imprudence.

ARLEQUIN, *comme transporté.*

Comment ! cela est épouvantable, je passe mon chemin sans songer à mal, et puis vous venez à l'encontre de moi pour m'offrir des filles, et puis vous me donnez une pistole pour trois sols : est-ce que cela se fait ? moi, je prends cela parce que je suis * honnête, et puis vous me * fourbez encore avec je ne sais combien d'autres pistoles que j'ai dans ma poche, et que je ferai venir en témoignage contre vous, * comme quoi vous avez * mitonné le cœur d'un innocent, qui a eu sa conscience et la crainte du bâton devant les yeux, et qui sans cela aurait trahi son bon maître, qui est le plus brave et le plus gentil garçon, le meilleur corps qu'on puisse trouver dans tous les corps du monde, et le factotum de la Princesse, cela se peut-il souffrir ?

FRÉDÉRIC

Doucement, Arlequin, quelqu'un peut venir, j'ai tort ; mais finissons, j'achèterai ton silence de tout ce que tu voudras : parle, que me demandes-tu ?

ARLEQUIN

Je ne vous ferai pas bon marché, prenez-y garde.

FRÉDÉRIC

Dis ce que tu veux, tes longueurs me tuent.

ARLEQUIN, *réfléchissant.*

Pourtant ce que c'est que d'être honnête homme ! Je n'ai que cela pour tout potage, moi. Voyez comme je me * carre avec vous. Allons, présentez-moi votre requête, appelez-moi un peu Monseigneur, pour voir

comment cela fait, je suis Frédéric à cette heure, et
vous, vous êtes Arlequin.

FRÉDÉRIC, *à part.*

Je ne sais où j'en suis ; quand je nierais le fait, c'est
un homme simple qu'on n'en croira que trop sur une
infinité d'autres présomptions, et la quantité d'argent
que je lui ai donné, prouve encore contre moi. (*À
Arlequin.*) Finissons, mon enfant ; que te faut-il ?

ARLEQUIN

Oh ! tout bellement, pendant que je suis Frédéric,
je veux profiter un petit brin de ma Seigneurie ; quand
j'étais Arlequin, vous faisiez le gros * dos avec moi : à
cette heure que c'est vous qui l'êtes, je veux prendre
ma revanche.

FRÉDÉRIC, *soupire.*

Ah ! je suis perdu !

ARLEQUIN, *à part.*

Il me fait pitié ; allons, consolez-vous, je suis las de
faire le * glorieux, cela est trop sot, il n'y a que vous
autres qui puissiez vous accoutumer à cela. * Ajus-
tons-nous [1] ?

FRÉDÉRIC

Tu n'as qu'à dire.

ARLEQUIN

Avez-vous encore de cet argent jaune ? j'aime cette
couleur-là ; elle dure plus longtemps qu'une autre.

FRÉDÉRIC

Voilà tout ce qui m'en reste.

---

1. Tout ce passage annonce clairement *L'Île des esclaves.*

ARLEQUIN

Bon. Ces pistoles-là, c'est pour votre pénitence de m'avoir donné les autres pistoles. Venons au reste de la boutique. Parlons des emplois.

FRÉDÉRIC

Mais ces emplois, tu ne peux les exercer qu'en quittant ton maître.

ARLEQUIN

J'aurai un commis, et pour l'argent qu'il m'en coûtera, vous me donnerez une bonne pension de cent écus par an.

FRÉDÉRIC

Soit, tu seras content ; mais me promets-tu de te taire ?

ARLEQUIN

Touchez là, c'est marché fait.

FRÉDÉRIC

Tu ne te repentiras pas de m'avoir tenu parole. Adieu, Arlequin, je m'en vais tranquille.

ARLEQUIN, *le rappelant.*

St st st st st...

FRÉDÉRIC, *revenant.*

Que me veux-tu ?

ARLEQUIN

Et à propos, nous oublions cette jolie fille.

FRÉDÉRIC

Tu dis que c'est une guenon.

ARLEQUIN

Oh ! j'aime assez les guenons.

FRÉDÉRIC

Hé bien, je tâcherai de te la faire avoir.

ARLEQUIN

Et moi je tâcherai de me taire.

FRÉDÉRIC

Puisqu'il te la faut absolument, reviens me trouver tantôt, tu la verras. *(À part.)* Peut-être me le débauchera-t-elle mieux que je n'ai su faire.

ARLEQUIN

Je veux avoir son cœur sans tricherie.

FRÉDÉRIC

Sans doute. Sortons d'ici.

ARLEQUIN

Dans un quart d'heure je suis à vous. Tenez-moi la fille prête.

ACTE II

SCÈNE PREMIÈRE

ARLEQUIN, LISETTE

ARLEQUIN

Mon bijou, j'ai fait une offense envers vos grâces, et je suis d'avis de vous en demander pardon, pendant que j'en ai la repentance.

LISETTE

Quoi ! un si joli garçon que vous est-il capable d'offenser quelqu'un ?

ARLEQUIN

Un aussi joli garçon que moi ? Oh ! cela me confond ; je ne mérite pas le pain que je mange.

LISETTE

Pourquoi donc ? qu'avez-vous fait ?

ARLEQUIN

J'ai fait une insolence ; donnez-moi conseil, voulez-vous que je m'en accuse à genoux, ou bien sur mes deux jambes ? dites-moi sans façon, faites-moi bien de la honte, ne m'épargnez pas.

LISETTE

Je ne veux ni vous battre, ni vous voir à genoux, je me contenterai de savoir ce que vous avez dit.

ARLEQUIN, *s'agenouillant.*

Ma mie, vous n'êtes point assez rude, mais je sais mon devoir.

LISETTE

Levez-vous donc, mon cher, je vous ai déjà pardonné.

ARLEQUIN

Écoutez-moi, j'ai dit, en parlant de votre inimitable personne, j'ai dit, le reste est si gros qu'il m'étrangle.

LISETTE

Vous avez dit ?

ARLEQUIN

J'ai dit que vous n'étiez qu'une guenon.

LISETTE, *fâchée*.

Pourquoi donc m'aimez-vous, si vous me trouvez telle ?

ARLEQUIN, *pleurant*.

Je confesse que j'en ai menti.

LISETTE

Je me croyais plus supportable. Voilà la vérité.

ARLEQUIN

Ne vous ai-je pas dit que j'étais un misérable ? mais, mamour, je n'avais pas encore vu votre gentil minois... ois... ois... ois...

LISETTE

Comment, vous ne me connaissiez pas dans ce temps-là, vous ne m'aviez jamais vue ?

ARLEQUIN

Pas seulement le bout de votre nez.

LISETTE

Eh ! mon cher Arlequin, je ne suis plus fâchée ; ne me trouvez-vous pas de votre goût à présent ?

ARLEQUIN

Vous êtes délicieuse.

LISETTE

Hé bien, vous ne m'avez pas insultée, et quand cela serait, y a-t-il de meilleure réparation que l'amour que vous avez pour moi ? allez, mon ami, ne songez plus à cela.

ARLEQUIN

Quand je vous regarde, je me trouve si sot !

LISETTE

Tant mieux, je suis bien aise que vous m'aimiez ; car vous me plaisez beaucoup, vous.

ARLEQUIN, *charmé*.

Oh oh oh ! vous me faites mourir d'aise.

LISETTE

Mais est-il bien vrai que vous m'aimiez ?

ARLEQUIN

Tenez, je vous aime... Mais qui diantre peut dire cela ? combien je vous aime... cela est si gros que je n'en sais pas le compte.

LISETTE

Vous voulez m'épouser ?

ARLEQUIN

Oh ! je ne badine point, je vous recherche honnêtement par-devant notaire.

LISETTE

Vous êtes tout à moi ?

ARLEQUIN

Comme un quarteron d'épingles que vous auriez
acheté chez le marchand.

LISETTE

Vous avez envie que je sois heureuse ?

ARLEQUIN

Je voudrais pouvoir vous entretenir fainéante toute
votre vie : manger, boire et dormir, voilà l'ouvrage
que je vous souhaite.

LISETTE

Hé bien, mon ami, il faut que je vous avoue une
chose ; j'ai fait tirer mon horoscope il n'y a pas plus de
huit jours.

ARLEQUIN

Ho ho !

LISETTE

Vous passâtes dans ce moment-là, et on me dit :
Voyez-vous ce joli brunet qui passe ? il s'appelle
Arlequin.

ARLEQUIN

Tout juste.

LISETTE

Il vous aimera.

ARLEQUIN

Ah ! l'habile homme !

LISETTE

Le seigneur Frédéric lui proposera de le servir contre un inconnu, il refusera d'abord de le faire, parce qu'il s'imaginera que cela ne serait pas bien ; mais vous obtiendrez de lui ce qu'il aura refusé au seigneur Frédéric, et de là s'ensuivra pour vous deux une grosse fortune, dont vous jouirez mariés ensemble. Voilà ce qu'on m'a prédit. Vous m'aimez déjà, vous voulez m'épouser, la prédiction est bien avancée : à l'égard de la proposition du seigneur Frédéric, je ne sais ce que c'est ; mais vous savez bien ce qu'il vous a dit : quant à moi, il m'a seulement recommandé de vous aimer, et je suis en bon train de cela, comme vous voyez.

ARLEQUIN, *étonné.*

Cela est admirable. Je vous aime, cela est vrai, je veux vous épouser, cela est encore vrai, et véritablement le seigneur Frédéric m'a proposé d'être un fripon, je n'ai pas voulu l'être, et pourtant vous verrez qu'il faudra que j'en passe par là ; car quand une chose est prédite, elle ne manque pas d'arriver.

LISETTE

Prenez garde, on ne m'a pas prédit que le seigneur Frédéric vous proposerait une friponnerie ; on m'a seulement prédit que vous croiriez que c'en serait une.

ARLEQUIN

Je l'ai cru aussi, et apparemment je me suis trompé.

LISETTE

Cela va tout seul.

ARLEQUIN

Je suis un grand nigaud ; mais au bout du compte, cela avait la mine d'une friponnerie, comme j'ai la mine d'Arlequin ; je suis fâché d'avoir vilipendé ce bon seigneur Frédéric, je lui ai fait donner tout son argent, par bonheur je ne suis pas obligé à restitution, je ne devinais pas qu'il y avait une prédiction qui me donnait le tort.

LISETTE

Sans doute.

ARLEQUIN

Avec cela cette prédiction doit avoir prédit que je lui viderais sa bourse.

LISETTE

Oh ! gardez ce que vous avez reçu.

ARLEQUIN

Cet argent-là m'était dû, comme une lettre de change, si j'allais le rendre, cela gâterait l'horoscope, et il ne faut pas aller à l'encontre d'un astrologue.

LISETTE

Vous avez raison, il ne s'agit plus à présent que d'obéir à ce qui est prédit, en faisant ce que souhaite le seigneur Frédéric, afin de gagner pour nous cette grosse fortune qui nous est promise.

ARLEQUIN

Gagnons, ma mie, gagnons, cela est juste, Arlequin est à vous, tournez-le, virez-le à votre fantaisie, je ne

m'embarrasse plus de lui, la prédiction m'a transporté
à vous, elle sait bien ce qu'elle fait, il ne m'appartient
pas de contredire son ordonnance, je vous aime, je
vous épouserai, je tromperai Monsieur Lélio, et je
m'en gausse, le vent me pousse, il faut que j'aille, il
me pousse à baiser votre menotte, il faut que je la
baise.

LISETTE, *riant.*

L'astrologue n'a pas parlé de cet article-là.

ARLEQUIN

Il l'aura peut-être oublié.

LISETTE

Apparemment; mais allons trouver le seigneur
Frédéric pour vous réconcilier avec lui.

ARLEQUIN

Voilà mon maître, je dois être encore trois semaines
avec lui, pour guetter ce qu'il fera, et je vais voir s'il
n'a pas besoin de moi. Allez, mes amours, allez
m'attendre chez le seigneur Frédéric.

LISETTE

Ne tardez pas.

SCÈNE II

LÉLIO, ARLEQUIN

Lélio arrive rêveur sans voir Arlequin qui se retire à
★ quartier. Lélio s'arrête sur le bord du théâtre en rêvant.

ARLEQUIN, *à part.*

Il ne me voit pas. Voyons sa pensée.

LÉLIO

Me voilà dans un embarras dont je ne sais comment me tirer.

ARLEQUIN, *à part*.

Il est embarrassé.

LÉLIO

Je tremble que la Princesse pendant la fête n'ait surpris mes regards sur la personne que j'aime.

ARLEQUIN, *à part*.

Il tremble à cause de la Princesse, tubleu... ce frisson-là est une affaire d'État... * vertu chou...

LÉLIO

Si la Princesse vient à soupçonner mon penchant pour son amie, sa jalousie me la dérobera, et peut-être fera-t-elle pis.

ARLEQUIN, *à part*.

Oh oh !... la dérobera... Il traite la Princesse de friponne. Par la * sambille, Monsieur le conseiller fera bien ses * orges de ces bribes-là que je ramasse, et je voix bien que cela me vaudra pignon sur rue.

LÉLIO

J'aurais besoin d'une entrevue.

ARLEQUIN, *à part*.

Qu'est-ce que c'est qu'une entrevue ? Je crois qu'il parle latin... le pauvre homme, il me fait pitié pourtant ; car peut-être qu'il en mourra : mais l'horoscope le veut ; cependant si j'avais un peu sa permission... Voyons, je vais lui parler.

Il retourne dans le fond du théâtre, et de là il accourt comme s'il arrivait, et dit :
Ah ! mon cher maître !

LÉLIO

Que me veux-tu ?

ARLEQUIN

Je viens vous demander ma petite fortune.

LÉLIO

Qu'est-ce que c'est que cette fortune ?

ARLEQUIN

C'est que le seigneur Frédéric m'a promis tout plein mes poches d'argent, si je lui contais un peu ce que vous êtes, et tout ce que je sais de vous, il m'a bien recommandé le secret, et je suis obligé de le garder en conscience ; ce que j'en dis, ce n'est que par matière de parler. Voulez-vous que je lui rapporte toutes les babioles qu'il demande ? vous savez que je suis pauvre, l'argent qui m'en viendra, je le mettrai en rente, ou je le prêterai à usure.

LÉLIO

Que Frédéric est lâche ! Mon enfant, je pardonne à ta simplicité le compliment que tu me fais. Tu as de l'honneur à ta manière ; et je ne vois nul inconvénient pour moi à te laisser profiter de la bassesse de Frédéric. Oui, reçois son argent, je veux bien que tu lui rapportes ce que je t'ai dit que j'étais, et ce que tu sais.

ARLEQUIN

Votre foi ?

LÉLIO

Fais, j'y consens.

ARLEQUIN

Ne vous gênez point, parlez-moi sans façon, je vous laisse la liberté, rien de force.

LÉLIO

Va ton chemin, et n'oublie pas surtout de lui marquer le souverain mépris que j'ai pour lui.

ARLEQUIN

Je ferai votre commission.

LÉLIO

J'aperçois la Princesse. Adieu Arlequin, va gagner ton argent.

ARLEQUIN, *seul*.

Quand on a un peu d'esprit, on accommode tout ; un butor aurait été chagriner son maître sans lui en demander * honnêtement le privilège ; à cette heure, si je lui cause du chagrin, ce sera de bonne amitié, au moins. Mais voilà cette Princesse avec sa camarade.

SCÈNE III

LA PRINCESSE, HORTENSE, ARLEQUIN

LA PRINCESSE, *à Arlequin*.

Il me semble avoir vu de loin ton maître avec toi.

ARLEQUIN

Il vous a semblé la vérité, Madame, et quand cela ne serait pas, je ne suis pas là pour vous dédire.

La Princesse

Va le chercher, et dis-lui que j'ai à lui parler.

Arlequin

J'y cours, Madame. (*Il va et revient.*) Si je ne le trouve pas, qu'est-ce que je lui dirai ?

La Princesse

Il ne peut pas encore être loin, tu le trouveras sans doute.

Arlequin, *à part.*

Bon, je vais tout d'un coup chercher le seigneur Frédéric.

SCÈNE IV

La Princesse, Hortense

La Princesse

Ma chère Hortense, apparemment que ma rêverie est contagieuse ; car vous devenez rêveuse aussi bien que moi.

Hortense

Que voulez-vous, Madame, je vous vois rêver, et cela me donne un air pensif ; je vous copie de figure.

La Princesse

Vous copiez si bien qu'on s'y méprendrait : quant à moi, je ne suis point tranquille, le rapport que vous me faites de Lélio ne me satisfait pas. Un homme à qui vous avez fait apercevoir que je l'aime, un homme à qui j'ai cru voir du penchant pour moi, devrait à votre discours donner malgré lui quelques marques de joie,

et vous ne me parlez que de son profond respect, cela
est bien froid.

HORTENSE

Mais, Madame, ordinairement le respect n'est ni
chaud ni froid ; je ne lui ai pas dit crûment : La
Princesse vous aime, il ne m'a pas répondu crûment :
J'en suis charmé ; il ne lui a pas pris des transports,
mais il m'a paru pénétré d'un profond respect, j'en
reviens toujours à ce respect, et je le trouve en sa
place.

LA PRINCESSE

Vous êtes femme d'*esprit, lui avez-vous senti
quelque surprise agréable ?

HORTENSE

De la surprise ? oui, il en a montré ; à l'égard de
savoir si elle était agréable ou non, quand un homme
sent du plaisir, et qu'il ne le dit point, il en aurait un
jour entier sans qu'on le devinât ; mais enfin pour moi,
je suis fort contente de lui.

LA PRINCESSE, *souriant d'un air forcé.*

Vous êtes fort contente de lui, Hortense ; n'y aurait-
il rien d'équivoque là-dessous, qu'est-ce que cela
signifie ?

HORTENSE

Ce que signifie Je suis contente de lui ? Cela veut
dire… En vérité, Madame, cela veut dire que je suis
contente de lui, on ne saurait expliquer cela qu'en le
répétant ; comment feriez-vous pour dire autrement ?
Je suis satisfaite de ce qu'il m'a répondu sur votre
chapitre ; l'aimez-vous mieux de cette façon-là ?

La Princesse

Cela est plus clair.

Hortense

C'est pourtant la même chose.

La Princesse

Ne vous fâchez point, je suis dans une situation d'esprit qui mérite un peu d'indulgence. Il me vient des idées fâcheuses déraisonnables, je crains tout, je soupçonne tout ; je crois que j'ai été jalouse de vous, oui de vous-même, qui êtes la meilleure de mes amies, qui méritez ma confiance, et qui l'avez. Vous êtes aimable ; Lélio l'est aussi, vous vous êtes vu tous deux, vous m'avez fait un rapport de lui qui n'a pas rempli mes espérances, je me suis égarée là-dessus, j'ai vu mille chimères, vous étiez déjà ma rivale : qu'est-ce que c'est que l'amour, ma chère Hortense, où est l'estime que j'ai pour vous, la justice que je dois vous rendre ? me reconnaissez-vous ? ne sont-ce pas là les faiblesses d'un enfant que je rapporte ?

Hortense

Oui ; mais les faiblesses d'un enfant de votre âge sont dangereuses, et je voudrais bien n'avoir rien à démêler avec elles.

La Princesse

Écoutez, je n'ai pas tant de tort ; tantôt pendant que nous étions à cette fête, Lélio n'a presque regardé que vous, vous le savez bien.

Hortense

Moi, Madame ?

La Princesse

Eh bien, vous n'en convenez pas, cela est mal entendu, par exemple, il semblerait qu'il y a du

mystère, n'ai-je pas remarqué que les regards de Lélio
vous embarrassaient, et que vous n'osiez pas le
regarder, par considération pour moi sans doute ?...
Vous ne me répondez pas ?

HORTENSE

C'est que je vous vois en train de remarquer, et si je
réponds, j'ai peur que vous ne remarquiez encore
quelque chose dans ma réponse ; cependant je n'y
gagne rien, car vous faites une remarque sur mon
silence, je ne sais plus comment me conduire ; si je me
tais, c'est du mystère, si je parle, autre mystère ; enfin
je suis mystère depuis les pieds jusqu'à la tête. En
vérité je n'ose pas me remuer, j'ai peur que vous n'y
trouviez un *équivoque : quel étrange amour que le
vôtre, Madame ! je n'en ai jamais vu de cette humeur-
là.

LA PRINCESSE

Encore une fois je me condamne ; mais vous n'êtes
pas mon amie pour rien, vous êtes obligée de me
supporter ; j'ai de l'amour, en un mot, voilà mon
excuse.

HORTENSE

Mais, Madame, c'est plus mon amour que le vôtre,
de la manière dont vous le prenez, il me fatigue plus
que vous, ne pourriez-vous me dispenser de votre
confidence ? je me trouve une passion sur les bras
qui ne m'appartient pas, peut-on[1] de fardeau plus
ingrat ?

LA PRINCESSE, *d'un air sérieux.*

Hortense, je vous croyais plus d'attachement pour
moi, et je ne sais que penser après tout du dégoût que
vous témoignez, quand je répare mes soupçons à votre

---

1. Peut-il y avoir ?

égard par l'aveu que je vous en fais : mon amour vous
déplaît trop, je n'y comprends rien, on dirait presque
que vous en avez peur.

HORTENSE

Ah ! la désagréable situation ! que je suis malheureuse, de ne pouvoir ouvrir ni fermer la bouche en
sûreté ! Que faudra-t-il donc que je devienne ? les
remarques me suivent, je n'y saurais tenir, vous me
désespérez, je vous tourmente, toujours je vous fâcherai en parlant, toujours je vous fâcherai en ne disant
mot ; je ne saurais donc me corriger ; voilà une
querelle fondée pour l'éternité ; le moyen de vivre
ensemble ? j'aimerais mieux mourir. Vous me trouvez
rêveuse, après cela il faut que je m'explique. Lélio m'a
regardée, vous ne savez que penser, vous ne me
comprenez pas, vous m'estimez, vous me croyez
fourbe, haine, amitié, soupçon, confiance, le calme,
l'orage, vous mettez tout ensemble, je m'y perds, la
tête me tourne, je ne sais où je suis, je quitte la partie,
je me sauve, je m'en retourne ; dussiez-vous prendre
encore mon voyage pour une *finesse.

LA PRINCESSE, *la caressant*.

Non, ma chère Hortense, vous ne me quitterez
point, je ne veux pas vous perdre, je veux vous aimer,
je veux que vous m'aimiez, j'abjure toutes mes
faiblesses, vous êtes mon amie, je suis la vôtre, et cela
durera toujours.

HORTENSE

Madame, cet amour-là nous brouillera ensemble,
vous le verrez ; laissez-moi partir, comptez que je fais
pour le mieux.

LA PRINCESSE

Non, ma chère, je vais faire arrêter tous vos
équipages, vous ne vous servirez que des miens, et

pour plus de sûreté, à toutes les portes de la ville vous trouverez des gardes qui ne vous laisseront passer qu'avec moi. Nous irons quelquefois nous promener ensemble, voilà tous les voyages que vous ferez : point de *mutinerie, je n'en rabattrai rien : à l'égard de Lélio, vous continuerez de le voir avec moi ou sans moi, quand votre amie vous en priera.

HORTENSE

Moi, voir Lélio, Madame ! et si Lélio me regarde ? il a des yeux ; et si je le regarde ? j'en ai aussi ; ou bien si je ne le regarde pas ? car tout est égal avec vous. Que voulez-vous que je fasse dans la compagnie d'un homme avec qui toute fonction de mes deux yeux est interdite ? les fermerai-je ? les détournerai-je ? voilà tout ce qu'on en peut faire, et rien de tout cela ne vous convient ; d'ailleurs s'il a toujours ce profond respect qui n'est pas de votre goût, vous vous en prendrez à moi, vous me direz encore : Cela est bien froid, comme si je n'avais qu'à lui dire : Monsieur, soyez plus tendre : ainsi son respect, ses yeux et les miens, voilà trois choses que vous ne me passerez jamais. Je ne sais si pour vous accommoder il me suffirait d'être aveugle, sourde et muette, je ne serais peut-être pas encore à l'abri de votre chicane.

LA PRINCESSE

Toute cette vivacité-là ne me fait point de peur, je vous connais, vous êtes bonne, mais impatiente, et quelque jour vous et moi, nous rirons de ce qui nous arrive aujourd'hui.

HORTENSE

Souffrez que je m'éloigne pendant que vous aimez ; au lieu de rire de mon séjour, nous rirons de mon absence, n'est-ce pas la même chose ?

LA PRINCESSE

Ne m'en parlez plus, vous m'affligez. Voici Lélio qu'apparemment Arlequin aura averti de ma part, prenez de grâce un air moins triste, je n'ai qu'un mot à lui dire ; après l'instruction que vous lui avez donnée, nous jugerons bientôt de ses sentiments par la manière dont il se comportera dans la suite. Le don de ma main lui fait un beau rang ; mais il peut avoir le cœur pris.

SCÈNE V

LÉLIO, HORTENSE, LA PRINCESSE

LÉLIO

Je me rends à vos ordres, Madame, Arlequin m'a dit que vous souhaitiez me parler.

LA PRINCESSE

Je vous attendais, Lélio, vous savez quelle est la commission de l'ambassadeur du Roi de Castille, qu'on est convenu d'en délibérer aujourd'hui. Frédéric s'y trouvera ; mais c'est à vous seul à décider : il s'agit de ma main que le Roi de Castille demande, vous pouvez l'accorder ou la refuser ; je ne vous dirai point quelles seraient mes intentions là-dessus, je m'en tiens à souhaiter que vous les deviniez : j'ai quelques ordres à donner, je vous laisse un moment avec Hortense, à peine vous connaissez-vous encore, elle est mon amie, et je suis bien aise que l'estime que j'ai pour vous ait son aveu. *Elle sort.*

SCÈNE VI

HORTENSE, LÉLIO

LÉLIO

Enfin, Madame, il est temps que vous décidiez de mon sort, il n'y a point de moments à perdre. Vous

venez d'entendre la Princesse, elle veut que je pro-
nonce sur le mariage qu'on lui propose ; si je refuse de
le conclure, c'est entrer dans ses vues et lui dire que je
l'aime, si je le conclus, c'est lui donner des preuves
d'une indifférence dont elle cherchera les raisons. La
conjoncture est pressante ; que résolvez-vous en ma
faveur ? il faut que je me dérobe d'ici incessamment ;
mais vous, Madame, y resterez-vous ? je puis vous
offrir un asile où vous ne craindrez personne. Oserai-
je espérer que vous consentirez aux mesures promptes
et nécessaires...

HORTENSE

Non, Monsieur, n'espérez rien, je vous prie, ne
parlons plus de votre cœur, et laissez le mien en repos,
vous le troublez, je ne sais ce qu'il est devenu, je
n'entends parler que d'amour à droit[1] et à gauche, il
m'environne, il m'obsède, et le vôtre au bout du
compte est celui qui me presse le plus.

LÉLIO

Quoi ! Madame, c'en est donc fait, mon amour vous
* fatigue, et vous me * rebutez ?

HORTENSE

Si vous cherchez à m'attendrir, je vous avertis que
je vous quitte ; je n'aime point qu'on exerce mon
courage.

LÉLIO

Ah ! Madame, il ne vous en faut pas beaucoup pour
résister à ma douleur.

HORTENSE

Eh ! Monsieur, je ne sais point ce qu'il m'en faut, et
ne trouve point à propos de le savoir ; laissez-moi me
gouverner, chacun se * sent, brisons là-dessus.

---

1. Graphie habituelle chez Marivaux.

LÉLIO

Il n'est que trop vrai que vous pouvez m'écoutez sans aucun risque.

HORTENSE

Il n'est que trop vrai ! Oh ! je suis plus difficile en vérité que vous, et ce qui est trop vrai pour vous ne l'est pas assez pour moi. Je crois que j'irais loin avec vos sûretés, surtout avec un garant comme vous. En vérité, Monsieur, vous n'y songez pas : Il n'est que trop vrai ! si cela était si vrai, j'en saurais quelque chose, car vous me forcez à vous dire plus que je ne veux, et je ne vous le pardonnerai pas.

LÉLIO

Si vous sentez quelque heureuse disposition pour moi, qu'ai-je fait depuis tantôt qui puisse mériter que vous la combattiez ?

HORTENSE

Ce que vous avez fait ? Pourquoi me rencontrez-vous ici ? qu'y venez-vous chercher ? Vous êtes arrivé à la Cour, vous avez plu à la Princesse, elle vous aime, vous dépendez d'elle, j'en dépends de même, elle est jalouse de moi : voilà ce que avez fait, Monsieur, et il n'y a point de remède à cela, puisque je n'en trouve point.

LÉLIO, *étonné*.

La Princesse est jalouse de vous ?

HORTENSE

Oui, très jalouse : peut-être actuellement sommes-nous observés l'un et l'autre, et après cela vous venez me parler de votre passion, vous voulez que je vous aime, vous le voulez, et je tremble de ce qui en peut arriver : car enfin on se lasse ; j'ai beau vous dire que cela ne se peut pas, que mon cœur vous serait inutile, vous ne m'écoutez point, vous vous plaisez à me pousser à bout : eh ! Lélio, qu'est-ce que c'est que votre amour ? vous ne me ménagez point ; aime-t-on les gens quand on les persécute, quand ils sont plus à plaindre que nous ; quand ils ont leurs chagrins et les nôtres, quand ils ne nous font un peu de mal que pour éviter de nous en faire davantage ? Je refuse de vous aimer, qu'est-ce que j'y gagne ? vous imaginez-vous que j'y prends plaisir ! non Lélio, non, le plaisir n'est pas grand, vous êtes un ingrat, vous devriez me remercier de mes refus, vous ne les méritez pas. Dites-moi, qu'est-ce qui m'empêche de vous aimer ? cela est-il si difficile ? n'ai-je pas le cœur libre ? n'êtes-vous pas aimable ? ne m'aimez-vous pas assez, que vous manque-t-il ? vous n'êtes pas raisonnable. Je vous refuse mon cœur avec le péril qu'il y a de l'avoir, mon amour vous perdrait : voilà pourquoi vous ne l'aurez point, voilà d'où me vient ce courage que vous me reprochez. Et vous vous plaignez de moi, et vous me demandez encore que je vous aime, expliquez-vous donc, que me demandez-vous ? que vous faut-il ? qu'appelez-vous aimer ? je n'y comprends rien.

LÉLIO, *vivement.*

C'est votre main qui manque à mon bonheur.

HORTENSE, *tendrement.*

Ma main... Ah ! je ne périrais pas seule, et le don que je vous en ferais me coûterait mon époux, et je ne veux pas mourir en perdant un homme comme vous. Non, si je faisais jamais votre bonheur, je voudrais qu'il durât longtemps.

LÉLIO, *animé.*

Mon cœur ne peut suffire à toute ma tendresse, Madame, prêtez-moi, de grâce, un moment d'attention, je vais vous instruire.

HORTENSE

Arrêtez, Lélio, j'envisage un malheur qui me fait frémir, je ne sache rien de si cruel que votre obstination ; il me semble que tout ce que vous me dites m'entretient de votre mort. Je vous avais prié de laisser mon cœur en repos, vous n'en faites rien : voilà qui est fini, poursuivez, je ne vous crains plus. Je me suis d'abord contentée de vous dire que je ne pouvais pas vous aimer, cela ne vous a pas épouvanté, mais je sais des façons de parler plus positives, plus intelligibles, et qui assurément vous guériront de toute espérance. Voici donc, à la lettre, ce que je pense, et ce que je penserai toujours. C'est que je ne vous aime point, et que je ne vous aimerai jamais. Ce discours est net, je le crois sans réplique, et il ne reste plus de question à faire, je ne sortirai point de là, je ne vous aime point, vous ne me plaisez point : si je savais une manière de m'expliquer plus dure, je m'en servirais pour vous punir de la douleur que je souffre à vous en faire. Je ne pense pas qu'à présent vous ayez envie de parler de votre amour, ainsi changeons de sujet.

LÉLIO

Oui, Madame, je vois bien que votre résolution est prise ; la seule espérance d'être uni pour jamais avec vous m'arrêtait encore ici, je m'étais flatté, je l'avoue ; mais c'est bien peu de chose que l'intérêt que l'on prend à un homme à qui l'on peut parler comme vous le faites. Quand je vous apprendrais qui je suis, cela ne servirait de rien, vos refus n'en seraient que plus affligeants. Adieu, Madame, il n'y a plus de séjour ici pour moi, je pars dans l'instant, et je ne vous oublierai jamais. *Il s'éloigne.*

HORTENSE, *pendant qu'il s'en va.*

Oh ! je ne sais plus où j'en suis, je n'avais pas prévu ce coup-là. *(Elle l'appelle.)* Lélio ?

LÉLIO, *revenant*.

Que me voulez-vous, Madame ?

HORTENSE

Je n'en sais rien ; vous êtes au désespoir, vous m'y
mettez, je ne sais encore que cela.

LÉLIO

Vous me haïrez, si je ne vous quitte.

HORTENSE

Je ne vous hais plus quand vous me quittez.

LÉLIO

Daignez donc consulter votre cœur.

HORTENSE

Vous voyez bien les conseils qu'il me donne ; vous
partez, je vous rappelle, je vous rappellerai si je vous
renvoie, mon cœur ne finira rien.

LÉLIO

Eh ! Madame, ne me renvoyez plus ; nous échappe-
rons aisément à tous les malheurs que vous craignez,
laissez-moi vous expliquez mes mesures, et vous dire
que ma naissance...

HORTENSE, *vivement*.

Non, je me retrouve enfin, je ne veux plus rien
entendre : Échapper à nos malheurs ? Ne s'agit-il pas
de sortir d'ici ? le pourrons-nous ? n'a-t-on pas les
yeux sur nous ? ne serez-vous pas arrêté ? Adieu, je
vous dois la vie, je ne vous devrai rien, si vous ne
sauvez la vôtre. Vous dites que vous m'aimez ; non, je
n'en crois rien, si vous ne partez. Partez donc, ou
soyez mon ennemi mortel, partez, ma tendresse vous

l'ordonne, ou restez ici l'homme du monde le plus haï de moi, et le plus haïssable que je connaisse. *Elle s'en va comme en colère.*

LÉLIO, *d'un ton de dépit.*

Je partirai donc, puisque vous le voulez ; mais vous prétendez me sauver la vie, et vous n'y réussirez pas.

HORTENSE, *se retournant de loin.*

Vous me rappelez donc à votre tour.

LÉLIO

J'aime autant mourir que de ne vous plus voir.

HORTENSE

Ah ! voyons donc les mesures que vous voulez prendre.

LÉLIO, *transporté de joie.*

Quel bonheur ! je ne saurais retenir mes transports.

HORTENSE, *nonchalamment.*

Vous m'aimez beaucoup, je le sais bien, passons votre reconnaissance, nous dirons cela une autre fois ; venons aux mesures…

LÉLIO

Que n'ai-je, au lieu d'une couronne qui m'attend, l'empire de la terre à vous offrir !

HORTENSE, *avec une surprise modeste.*

Vous êtes né prince ? mais vous n'avez qu'à me garder votre cœur, vous ne me donnerez rien qui le vaille. Achevons.

LÉLIO

J'attends demain incognito un courrier du Roi de Léon, mon père…

HORTENSE

Arrêtez, Prince, Frédéric vient, l'ambassadeur le suit sans doute. Vous m'informerez tantôt de vos résolutions.

LÉLIO

Je crains encore vos inquiétudes.

HORTENSE

Et moi je ne crains plus rien, je me sens l'imprudence la plus tranquille du monde, vous me l'avez donnée, je m'en trouve bien, c'est à vous à me la garantir, faites comme vous pourrez.

LÉLIO

Tout ira bien, Madame, je ne conclurai rien avec l'ambassadeur pour gagner du temps, je vous reverrai tantôt.

SCÈNE VII

L'AMBASSADEUR, LÉLIO, FRÉDÉRIC

FRÉDÉRIC, *à part à l'Ambassadeur.*

Vous sentirez (j'en suis sûr) jusqu'où va l'audace de ses espérances.

L'AMBASSADEUR, *à Lélio.*

Vous savez, Monsieur, ce qui m'amène ici, et votre habileté me répond du succès de ma commission. Il s'agit d'un mariage entre votre Princesse et le Roi de Castille, mon maître. Tout invite à le conclure, jamais union ne fut peut-être plus nécessaire ; vous n'ignorez pas les justes droits que les rois de Castille prétendent avoir sur une partie de cet État par les alliances...

Lélio

Laissons là ces droits historiques, Monsieur, je sais ce que c'est, et quand on voudra, la Princesse en produira de même valeur sur les États du Roi votre maître. Nous n'avons qu'à relire aussi les alliances passées, vous verrez qu'il y aura quelqu'une de vos provinces qui nous appartiendra.

Frédéric

Effectivement vos droits ne sont pas fondés, et il n'est pas besoin d'en appuyer le mariage dont il s'agit.

L'Ambassadeur

Laissons-les donc pour le présent, j'y consens ; mais la trop grande proximité des deux États entretient depuis vingt ans des guerres qui ne finissent que pour des instants, et qui recommenceront bientôt entre deux nations voisines, et dont les intérêts se croiseront toujours. Vos peuples sont fatigués, mille occasions vous ont prouvé que vos ressources sont inégales aux nôtres ; la paix que nous venons de faire avec vous, vous la devez à des circonstances qui ne se rencontreront pas toujours ; si la Castille n'avait été occupée ailleurs, les choses auraient bien changé de face.

Lélio

Point du tout ; il en aurait été de cette guerre comme de toutes les autres ; depuis tant de siècles que cet État se défend contre le vôtre, où sont vos progrès ? je n'en vois point qui puissent justifier cette grande inégalité de forces dont vous parlez.

L'Ambassadeur

Vous ne vous êtes soutenus que par des secours étrangers.

LÉLIO

Ces mêmes secours dans bien des occasions vous ont rendu de grands services, et voilà comment subsistent les États : la politique de l'un arrête l'ambition de l'autre.

FRÉDÉRIC

Retranchons-nous sur des choses plus effectives, sur la tranquillité durable que ce mariage assurerait aux deux peuples qui ne seraient plus qu'un, et qui n'auraient plus qu'un même maître.

LÉLIO

Fort bien, mais nos peuples n'ont-ils pas leurs lois particulières ? êtes-vous sûr, Monsieur, qu'ils voudront bien passer sous une domination étrangère, et peut-être se soumettre aux coutumes d'une nation qui leur est antipathique ?

L'AMBASSADEUR

Désobéiront-ils à leur souveraine ?

LÉLIO

Ils lui désobéiront par amour pour elle.

FRÉDÉRIC

En ce cas-là il ne sera pas difficile de les réduire.

LÉLIO

Y pensez-vous, Monsieur ? s'il faut les opprimer pour les rendre tranquilles, comme vous l'entendez, ce n'est pas de leur souveraine que doit leur venir un pareil repos, il n'appartient qu'à la fureur d'un ennemi de leur faire un présent si funeste.

FRÉDÉRIC, *à part, à l'Ambassadeur.*

Vous voyez des preuves de ce que je vous ai dit.

L'AMBASSADEUR, *à Lélio.*

Votre avis est donc de rejeter le mariage que je propose ?

LÉLIO

Je ne le rejette point ; mais il mérite réflexion ; il faut examiner mûrement les choses, après quoi je conseillerai à la Princesse ce que je jugerai de mieux pour sa gloire et pour le bien de ses peuples : le seigneur Frédéric dira ses raisons, et moi les miennes.

FRÉDÉRIC

On décidera sur les vôtres.

L'AMBASSADEUR

Me permettez-vous de vous parler à cœur ouvert ?

LÉLIO

Vous êtes le maître.

L'AMBASSADEUR

Vous êtes ici dans une belle situation, et vous craignez d'en sortir, si la princesse se marie ; mais le Roi mon maître est assez grand seigneur pour vous dédommager, et j'en réponds pour lui.

LÉLIO, *froidement.*

Ah ! de grâce, ne citez point ici le Roi votre maître, soupçonnez-moi tant que vous voudrez de manquer de droiture ; mais ne l'associez point à vos soupçons. Quand nous faisons parler les princes, Monsieur, que ce soit toujours d'une manière noble et digne d'eux ; c'est un respect que nous leur devons, et vous me faites rougir pour le Roi de Castille.

L'Ambassadeur

Arrêtons là, une discussion là-dessus nous mènerait trop loin ; il ne me reste qu'un mot à vous dire, et ce n'est plus le Roi de Castille, c'est moi qui vous parle à présent. On m'a averti que je vous trouverais contraire au mariage dont il s'agit, tout convenable, tout nécessaire qu'il est, si jamais la Princesse veut épouser un prince. On a prévu les difficultés que vous faites, et l'on prétend que vous avez vos raisons pour les faire, raisons si hardies que je n'ai pu les croire, et qui sont fondées, dit-on, sur la confiance dont la princesse vous honore.

Lélio

Vous m'allez encore parler à cœur ouvert, Monsieur, et si vous m'en croyez, vous n'en ferez rien : la franchise ne vous réussit pas, le Roi votre maître s'en est mal trouvé tout à l'heure, et vous m'inquiétez pour la princesse.

L'Ambassadeur

Ne craignez rien, loin de manquer moi-même à ce que je lui dois, je ne veux que l'apprendre à ceux qui l'oublient.

Lélio

Voyons ; j'en sais tant là-dessus que je suis en état de corriger vos leçons mêmes. Que dit-on de moi ?

L'Ambassadeur

Des choses hors de toute vraisemblance.

Frédéric

Ne les expliquez point, je crois savoir ce que c'est, on me les a dites aussi, et j'en ai ri comme d'une chimère.

LÉLIO, *regardant Frédéric.*

N'importe, je serai bien aise de voir jusqu'où va la lâche inimitié de ceux dont je blesse ici les yeux, que vous connaissez comme moi, et à qui j'aurais fait bien du mal, si j'avais voulu; mais qui ne valent pas la peine qu'un honnête homme se venge. Revenons.

L'AMBASSADEUR

Non, le seigneur Frédéric a raison; n'expliquons rien; ce sont des illusions, un homme * d'esprit comme vous, dont la fortune est déjà si prodigieuse, et qui la mérite, ne saurait avoir des sentiments aussi périlleux que ceux qu'on vous attribue : la Princesse n'est sans doute que l'objet de vos respects; mais le bruit qui court sur votre compte vous expose, et pour le détruire, je vous conseillerais de porter la Princesse à un mariage avantageux à l'État.

LÉLIO

Je vous suis très obligé de vos conseils, Monsieur; mais j'ai regret à la peine que vous prenez de m'en donner. Jusqu'ici les ambassadeurs n'ont jamais été les précepteurs des ministres chez qui ils vont, et je n'ose renverser l'ordre; quand je verrai votre nouvelle méthode bien établie, je vous promets de la suivre.

L'AMBASSADEUR

Je n'ai pas tout dit. Le Roi de Castille a pris de l'inclination pour la Princesse sur un portrait qu'il en a vu, c'est en amant que ce jeune prince souhaite un mariage que la raison, l'égalité d'âge et la politique doivent presser de part et d'autre. S'il ne s'achève pas, si vous en détournez la Princesse par des motifs qu'elle ne sait pas, faites du moins qu'à son tour ce Prince ignore les secrètes raisons qui s'opposent en vous à ce qu'il souhaite; la vengeance des princes peut porter loin, souvenez-vous-en.

LÉLIO

Encore une fois je ne rejette point votre proposition, nous l'examinerons plus à loisir, mais si les raisons secrètes que vous voulez dire étaient réelles, Monsieur, je ne laisserais pas que d'embarrasser le ressentiment de votre Prince : il lui serait plus difficile de se venger de moi que vous ne pensez.

L'AMBASSADEUR, *outré*.

De vous ?

LÉLIO, *froidement*.

Oui, de moi.

L'AMBASSADEUR

Doucement, vous ne savez pas à qui vous parlez.

LÉLIO

Je sais qui je suis, en voilà assez.

L'AMBASSADEUR

Laissez là ce que vous êtes, et soyez sûr que vous me devez respect.

LÉLIO

Soit, et moi je n'ai, si vous le voulez, que mon cœur pour tout avantage ; mais les égards que l'on doit à la seule vertu sont aussi légitimes que les respects que l'on doit aux princes ; et fussiez-vous le Roi de Castille même, si vous êtes généreux, vous ne sauriez penser autrement. Je ne vous ai point manqué de respect, supposé que je vous en doive, mais les sentiments que je vous montre depuis que je vous parle méritaient de votre part plus d'attention que vous ne leur en avez donné ; cependant je continuerai à vous respecter, puisque vous dites qu'il le faut, sans pourtant en examiner moins si le mariage dont il s'agit est vraiment convenable. *Il sort fièrement.*

SCÈNE VIII

FRÉDÉRIC, L'AMBASSADEUR

FRÉDÉRIC

La manière dont vous venez de lui parler me fait
présumer bien des choses; peut-être sous le titre
d'ambassadeur nous cachez-vous...

L'AMBASSADEUR

Non, Monsieur, il n'y a rien à présumer, c'est un
ton que j'ai cru pouvoir prendre avec un aventurier
que le sort a élevé.

FRÉDÉRIC

Eh bien, que dites-vous de cet homme-là?

L'AMBASSADEUR

Je dis que je l'estime.

FRÉDÉRIC

Cependant, si nous ne le renversons, vous ne
pouvez réussir; ne joindrez-vous pas vos efforts aux
nôtres?

L'AMBASSADEUR

J'y consens, à condition que nous ne tenterons rien
qui soit indigne de nous, je veux le combattre
* généreusement comme il le mérite.

FRÉDÉRIC

Toutes actions sont * généreuses, quand elles tendent au bien général.

L'Ambassadeur

Ne vous en fiez pas à vous, vous haïssez Lélio, et la haine entend mal à faire des maximes d'honneur ; je tâcherai de voir aujourd'hui la Princesse : je vous quitte, j'ai quelques dépêches à faire, nous nous reverrons tantôt.

SCÈNE IX

Frédéric, Arlequin, *arrivant tout essoufflé.*

Frédéric, *à part.*

Monsieur l'Ambassadeur me paraît bien scrupuleux ; mais voici Arlequin qui accourt à moi.

Arlequin

Par la *mardi, Monsieur le Conseiller, il y a longtemps que je galope après vous, vous êtes plus difficile à trouver qu'un botte de foin dans une aiguille.

Frédéric

Je ne me suis pourtant pas écarté ; as-tu quelque chose à me dire ?

Arlequin

Attendez, je crois que j'ai laissé ma respiration par les chemins. Ouf...

Frédéric

Reprends haleine.

Arlequin

Oh ! dame, cela ne se prend pas avec la main. Ohi ohi ! Je vous ai été chercher au palais, dans les salles, dans les cuisines, je trottais par-ci, je trottais par-là, je

trottais partout, et *y allons vite, et *boute et gare.
N'avez-vous pas vu le seigneur Frédéric? Hé non,
mon ami. Où diable est-il donc? que la peste
l'étouffe! Et puis je cours encore, patati, patata, je
jure, je rencontre un porteur d'eau, je renverse son
eau: N'avez-vous pas vu le seigneur Frédéric?
Attends, attends, je vais te donner du seigneur
Frédéric par les oreilles. Moi, je m'enfuis. Par la
*sambleu, morbleu, ne serait-il pas au cabaret? j'y
entre, je trouve du vin, je bois chopine, je m'apaise, et
puis je reviens, et puis vous voilà.

FRÉDÉRIC

Achève; sais-tu quelque chose? tu me donnes bien
de l'impatience.

ARLEQUIN

Cent mille écus [1] ne seraient pas dignes de me payer
ma peine, pourtant j'en rabattrai beaucoup.

FRÉDÉRIC

Je n'ai point d'argent sur moi; mais je t'en promets
au sortir d'ici.

ARLEQUIN

Pourquoi est-ce que vous laissez votre bourse à la
maison? si j'avais su cela je ne vous aurais pas trouvé;
car pendant que j'y suis, il faut que je vous tienne.

FRÉDÉRIC

Tu n'y perdras rien, parle: que sais-tu?

ARLEQUIN

De bonnes choses, c'est du *nanan.

---

1. Plusieurs milliards de centimes 1988. Il s'agit donc d'un
chiffre hyperbolique et conventionnel.

FRÉDÉRIC

Voyons.

ARLEQUIN

Cet argent promis m'envoie des scrupules : si vous pouviez me donner des gages ; ce petit diamant qui est à votre doigt par exemple, quand cela promet de l'argent, cela tient parole.

FRÉDÉRIC

Prends, le voilà pour garant de la mienne, ne me fais plus languir.

ARLEQUIN

Vous êtes honnête homme, et votre bague aussi. Or donc, tantôt, Monsieur Lélio, qui vous méprise que c'est une bénédiction, il parlait à lui tout seul...

FRÉDÉRIC

Bon.

ARLEQUIN

Oui, bon. Voilà la Princesse qui vient, dirai-je tout devant elle ?

FRÉDÉRIC, *après avoir rêvé.*

Tu m'en fais venir l'idée. Oui, mais ne dis rien de tes engagements avec moi. Je vais parler le premier ; conforme-toi à ce que tu m'entendras dire.

SCÈNE X

LA PRINCESSE, HORTENSE, FRÉDÉRIC, ARLEQUIN

LA PRINCESSE

Eh bien, Frédéric, qu'a-t-on conclu avec l'Ambassadeur ?

FRÉDÉRIC

Madame, Monsieur Lélio penche à croire que sa proposition est recevable.

LA PRINCESSE

Lui ! son sentiment est que j'épouse le Roi de Castille ?

FRÉDÉRIC

Il n'a demandé que le temps d'examiner un peu la chose.

LA PRINCESSE

Je n'aurais pas cru qu'il dût penser comme vous le dites.

ARLEQUIN, *derrière elle.*

Il en pense ma foi bien d'autres !

LA PRINCESSE

Ah ! te voilà ? *(A Frédéric.)* Que faites-vous de son valet ici ?

FRÉDÉRIC

Quand vous êtes arrivée, Madame, il venait, disait-il, me déclarer quelque chose qui vous concerne, et que le zèle qu'il a pour vous l'oblige de découvrir. Monsieur Lélio y est mêlé ; mais je n'ai pas eu encore le temps de savoir ce que c'est.

LA PRINCESSE

Sachons-le ! de quoi s'agit-il ?

ARLEQUIN

C'est que, voyez-vous, Madame, il n'y a *mardi point de *chanson à cela, je suis bon serviteur de votre Principauté.

HORTENSE

Eh quoi! Madame, pouvez-vous prêter l'oreille aux discours de pareilles gens?

LA PRINCESSE

On s'amuse de tout; continue.

ARLEQUIN

Je n'entends ni à *dia ni à huau, quand on ne vous rend pas la révérence qui vous appartient.

LA PRINCESSE

A merveille; mais viens au fait sans compliment.

ARLEQUIN

Oh! dame, quand on vous parle à vous autres, ce n'est pas le tout que d'ôter son chapeau, il faut bien mettre en avant quelque petite faribole au bout; à cette heure voilà mon histoire. Vous saurez donc, avec votre permission, que tantôt j'écoutais Monsieur Lélio, qui faisait la conversation des fous; car il parlait tout seul. Il était devant moi, et moi derrière. Or ne vous déplaise, il ne savait pas que j'étais là, il se virait, je me virais, c'était une farce. Tout d'un coup il ne s'est plus viré, et puis s'est mis à dire comme cela: Ouf, je suis diablement embarrassé. Moi j'ai deviné qu'il avait de l'embarras; quand il a eu dit cela, il n'a rien dit davantage, il s'est promené, ensuite il y[1] a pris un grand frisson.

HORTENSE

En vérité, Madame, vous m'étonnez.

LA PRINCESSE

Que veux-tu dire : un frisson?

---

1. Forme populaire pour *lui*.

ARLEQUIN

Oui, il a dit : Je tremble, et ce n'était pas pour des prunes, le gaillard ! car, a-t-il repris, j'ai lorgné ma gentille maîtresse pendant cette belle fête, et si cette Princesse qui est plus fine qu'un merle a vu trotter ma prunelle, mon affaire va mal, j'en dis du *mirlirot. Là-dessus autre promenade ; ensuite autre conversation. Par le ventrebleu, a-t-il dit, j'ai du guignon, je suis amoureux de cette gracieuse personne, et si la Princesse vient à le savoir, et *y allons donc, nous verrons beau train, je serai un joli mignon ; elle sera capable de me friponner ma mie. Jour de Dieu ! ai-je dit en moi-même, friponner, c'est le fait des larrons, et non pas d'une Princesse qui est fidèle comme l'or. *Vertuchou, qu'est-ce que c'est que tout ce tripotage-là ? toutes ces paroles-là ont mauvaise mine, mon patron songe à la malice, et il faut avertir cette pauvre Princesse, à qui on en ferait passer quinze pour quatorze [1], je suis donc venu comme un honnête garçon, et voilà que je vous découvre le pot aux roses, peut-être que je ne vous dis pas les mots, mais je vous dis la signification du discours, et le tout gratis ; si cela vous plaît.

HORTENSE, *à part.*

Quelle aventure !

FRÉDÉRIC, *à la Princesse.*

Madame, vous m'avez dit quelquefois que je présumais mal de Lélio ; voyez l'abus qu'il fait de votre estime.

LA PRINCESSE

Taisez-vous ; je n'ai que faire de vos réflexions. (*A Arlequin.*) Pour toi je vais t'apprendre à trahir ton maître, à te mêler de choses que tu ne devais pas

---

1. Locution inversée : « On dit proverbialement qu'*Un homme ferait passer douze pour quinze*, pour dire qu'Il trompe » (Acad.).

entendre, et à me compromettre dans l'impertinente répétition que tu en fais ; une étroite prison me répondra de ton silence.

ARLEQUIN, *se mettant à genoux*.

Ah ! ma bonne dame, ayez pitié de moi, arrachez-moi la langue, et laissez-moi la clef des champs. Miséricorde, ma Reine, je ne suis qu'un butor, et c'est ce misérable conseiller de malheur qui m'a brouillé avec votre charitable personne.

LA PRINCESSE

Comment cela ?

FRÉRÉRIC

Madame, c'est un valet qui vous parle, et qui cherche à se sauver ; je ne sais ce qu'il veut dire.

HORTENSE

Laissez, laissez-le parler, Monsieur.

ARLEQUIN, *à Frédéric*.

Allez, je vous ai bien dit que vous ne valiez rien, et vous ne m'avez pas voulu croire : je ne suis qu'un * chétif valet, * et si pourtant, je voulais être homme de bien, et lui qui est riche et grand seigneur, il n'a jamais eu le cœur d'être honnête homme.

FRÉDÉRIC

Il va vous en * imposer, Madame.

LA PRINCESSE

Taisez-vous, vous dis-je ; je veux qu'il parle.

ARLEQUIN

Tenez, Madame, voilà comme cela est venu. Il m'a trouvé comme j'allais tout droit devant moi. Veux-tu

me faire un plaisir ? m'a-t-il dit. Hélas, de toute mon
âme car je suis bon et serviable de mon naturel. Tiens,
voilà une pistole. Grand merci. En voilà encore une
autre. Donnez, mon brave homme. Prends encore
cette poignée de pistoles. Et oui-da, mon bon Monsieur. Veux-tu me rapporter ce que tu entendras dire à
ton maître ? Et pourquoi cela ? Pour rien, par curiosité. Oh non, mon compère ! non. Mais je te donnerai
tant de bonnes * drogues, je te ferai ci, je te ferai cela,
je sais une fille qui est jolie, qui est dans ses meubles,
je la tiens de ma manche, je te la garde. Oh oh !
montrez-la pour voir. Je l'ai laissée au logis ; mais suis-
moi, tu l'auras. Non, non, brocanteur, non. Quoi ! tu
ne veux pas d'une jolie fille ?... A la vérité, Madame,
cette fille-là me trottait dans l'âme, il me semblait que
je la voyais, qu'elle était blanche, potelée. Quelle
satisfaction ! je trouvais cela bien * friand ; je bataillais
comme un César, vous m'auriez mangé de plaisir en
voyant mon courage ; à la fin je suis chu. Il me doit
encore une pension de cent écus par an, et j'ai déjà
reçu la fillette, que je ne puis pas vous montrer, parce
qu'elle n'est pas là ; sans compter une prophétie, qui a
parlé, à ce qu'ils disent, de mon argent, de ma fortune
et de ma friponnerie.

La Princesse

Comment s'appelle-t-elle, cette fille ?

Arlequin

Lisette. Ah ! Madame, si vous voyiez sa face, vous
seriez ravie ; avec cette créature-là, il faut que l'honneur d'un homme plie bagage, il n'y a pas moyen.

Frédéric

Un misérable, comme celui-là, peut-il imaginer tant
d'impostures ?

ARLEQUIN

Tenez, Madame, voilà encore sa bague qu'il m'a mise en gage pour de l'argent qu'il me doit donner tantôt. Regardez mon innocence : vous qui êtes une Princesse, si on vous donnait tant d'argent, de pensions, de bagues, et un joli garçon, est-ce que vous y pourriez tenir ? mettez la main sur la conscience. Je n'ai rien inventé, j'ai dit ce que Monsieur Lélio a dit.

HORTENSE, *à part.*

Juste ciel !

LA PRINCESSE, *à Frédéric en s'en allant.*

Je verrai ce que je dois faire de vous, Frédéric ; mais vous êtes le plus indigne, et le plus lâche de tous les hommes.

ARLEQUIN

Hélas ! délivrez-moi de la prison.

LA PRINCESSE

Laisse-moi.

HORTENSE, *déconcertée.*

Voulez-vous que je vous suive, Madame ?

LA PRINCESSE

Non, Madame, restez, je suis bien aise d'être seule ; mais ne vous écartez point.

SCÈNE XI

ARLEQUIN, FRÉDÉRIC, HORTENSE

ARLEQUIN

Me voilà bien accommodé, je suis un bel oiseau, j'aurai bon air en cage ! et puis après cela fiez-vous aux

prophéties, prenez des pensions, et aimez les filles !
Pauvre Arlequin ! adieu la joie, je n'userai plus de
souliers, on va m'enfermer dans un étui à cause de ce
Sarrasin-là *(en montrant Frédéric).*

FRÉDÉRIC

Que je suis malheureux ! Madame, vous n'avez
jamais paru me vouloir du mal ; dans la situation où
m'a mis un zèle imprudent pour les intérêts de la
Princesse, puis-je espérer de vous une grâce ?

HORTENSE, *outrée.*

Oui-da, Monsieur, faut-il demander qu'on vous ôte
la vie, pour vous délivrer du malheur d'être détesté de
tous les hommes ? voilà, je pense, tout le service qu'on
peut vous rendre, et vous pouvez compter sur moi.

SCÈNE XII

LÉLIO *arrive.*
LÉLIO, HORTENSE, FRÉDÉRIC, ARLEQUIN

FRÉDÉRIC

Que vous ai-je fait, Madame ?

ARLEQUIN, *voyant Lélio.*

Ah ! mon maître bien-aimé, venez que je vous baise
les pieds, je ne suis pas digne de vous baiser les mains.
Vous savez bien le privilège que vous m'avez donné
tantôt, eh bien ! ce privilège est ma perdition : pour
deux ou trois petites miettes de paroles que j'ai lâchées
de vous à la Princesse, elle veut que je garde la
chambre, et j'allais faire mes fiançailles.

LÉLIO

Que signifient les paroles qu'il a dites, Madame ? je
m'aperçois qu'il se passe quelque chose d'extraordi-

naire dans le palais ; les gardes m'ont reçu avec une
froideur qui m'a surpris : qu'est-il arrivé ?

HORTENSE

Votre valet, payé par Frédéric, a rapporté à la
Princesse ce qu'il vous a entendu dire dans un
moment où vous vous croyiez seul.

LÉLIO

Eh ! qu'a-t-il rapporté ?

HORTENSE

Que vous aimiez certaine dame, que vous aviez peur
que la Princesse ne vous l'eût vu regarder pendant la
fête, et ne vous l'ôtât, si elle savait que vous l'aimiez.

LÉLIO

Et cette dame, l'a-t-on nommée ?

HORTENSE

Non, mais apparemment on la connaît bien, et voilà
l'obligation que vous avez à Frédéric, dont les présents ont corrompu votre valet.

ARLEQUIN

Oui, c'est fort bien dit, il m'a corrompu, j'avais le
cœur plus net qu'une perle, j'étais tout à fait gentil ;
mais depuis que je l'ai fréquenté, je vaux moins d'écus
que je ne valais de *mailles.

FRÉDÉRIC, *se retirant de son *abstraction.*

Oui, Monsieur, je vous l'avouerai encore une fois,
j'ai cru bien servir l'État et la Princesse en tâchant
d'arrêter votre fortune : suivez ma conduite, elle me
justifie. Je vous ai prié de travailler à me faire premier
ministre, il est vrai ; mais quel pouvait être mon

dessein ? suis-je dans un âge à souhaiter un emploi si
fatigant ? Non, Monsieur, trente années d'exercice
m'ont rassasié d'emplois et d'honneurs : il ne me faut
que du repos ; mais je voulais m'assurer de vos idées,
et voir si vous aspiriez vous-même au rang que je
feignais de souhaiter. J'allais dans ce cas parler à la
Princesse, et la détourner, autant que j'aurais pu, de
remettre tant de pouvoir entre des mains dangereuses
et tout à fait inconnues. Pour achever de vous
pénétrer, je vous ai offert ma fille, vous l'avez refusée,
je l'avais prévu, et j'ai tremblé du projet dont je vous
ai soupçonné sur ce refus, et du succès que pouvait
avoir ce projet même ; car enfin, vous avez la faveur de
la Princesse, vous êtes jeune et aimable, tranchons le
mot, vous pouvez lui plaire, et jeter dans son cœur de
quoi lui faire oublier ses véritables intérêts et les
nôtres, qui étaient qu'elle épousât le Roi de Castille.
Voilà ce que j'appréhendais, et la raison de tous les
efforts que j'ai fait contre vous ; vous m'avez cru
jaloux de vous quand je n'étais inquiet que pour le
bien public. Je ne vous le reproche pas ; les vues
jalouses et ambitieuses ne sont que trop ordinaires à
mes pareils, et ne me connaissant pas, il vous était
permis de me confondre avec eux, de méconnaître un
zèle assez rare, et qui d'ailleurs se montrait par des
actions équivoques. Quoi qu'il en soit, tout louable
qu'il est, ce zèle, je me vois près d'en être la victime ;
j'ai combattu vos desseins, parce qu'ils m'ont paru
dangereux ; peut-être êtes-vous digne qu'ils réussis-
sent, et la manière dont vous en userez avec moi dans
l'état où je suis, l'usage que vous ferez de votre crédit
auprès de la Princesse, enfin la destinée que j'éprouve-
rai, décidera de l'opinion que je dois avoir de vous. Si
je péris après d'aussi louables intentions que les
miennes, je ne me serai point trompé sur votre
compte, je périrai du moins avec la consolation d'avoir
été l'ennemi d'un homme qui en effet n'était pas
vertueux. Si je ne péris pas, au contraire, mon estime,
ma reconnaissance et mes satisfactions vous attendent.

Arlequin

Il n'y aura donc que moi qui resterai un fripon, faute de savoir faire une harangue.

Lélio, *à Frédéric*.

Je vous sauverai, si je puis, Frédéric ; vous me faites du tort, mais l'honnête homme n'est pas méchant, et je ne saurais refuser ma pitié aux opprobres dont vous couvre votre caractère.

Frédéric

Votre pitié !... adieu, Lélio, peut-être à votre tour, aurez-vous besoin de la mienne. *Il s'en va.*

Lélio, *à Arlequin*.

Va m'attendre. *Arlequin sort en pleurant.*

SCÈNE XIII

Lélio, Hortense

Lélio

Vous l'avez prévu, Madame, mon amour vous met dans le péril, et je n'ose presque vous regarder.

Hortense

Quoi ! l'on va peut-être me séparer d'avec vous, et vous ne voulez pas me regarder, ni voir combien je vous aime ! montrez-moi combien vous m'aimez, je veux vous voir.

Lélio, *lui baisant la main.*

Je vous adore.

HORTENSE

J'en dirai autant que vous, si vous le voulez, cela ne
tient à rien, je ne vous verrai plus, je ne me *gêne
point, je dis tout.

LÉLIO

Quel bonheur ! mais qu'il est traversé ; cependant,
Madame, ne vous alarmez point, je vais déclarer qui je
suis à la Princesse, et lui avouer...

HORTENSE

Lui dire qui vous êtes !... je vous le défends, c'est
une âme violente, elle vous aime, elle se flattait que
vous l'aimiez, elle vous aurait épousé, tout inconnu
que vous lui êtes, elle verrait à présent que vous lui
convenez, vous êtes dans son palais sans secours, vous
m'avez donné votre cœur, tout cela serait affreux pour
elle ; vous péririez, j'en suis sûre, elle est déjà jalouse,
elle deviendrait furieuse, elle en perdrait l'esprit, elle
aurait raison de le perdre, je le perdrais comme elle, et
toute la terre le perdrait : je sens cela, mon amour le
dit, fiez-vous à lui, il vous connaît bien. Se voir
enlever un homme comme vous ! vous ne savez pas ce
que c'est, j'en frémis, n'en parlons plus. Laissez-vous
gouverner, réglons-nous sur les événements, je le
veux, peut-être allez-vous être arrêté ; ne restons point
ici, retirons-nous, je suis mourante de frayeur pour
vous ; mon cher Prince, que vous m'avez donné
d'amour ! N'importe, je vous le pardonne, sauvez-
vous, je vous en promets encore davantage : adieu, ne
restons point à présent ensemble, peut-être nous
verrons-nous libres.

LÉLIO

Je vous obéis, mais si l'on s'en prend à vous, vous
devez me laisser faire.

ACTE III

SCÈNE PREMIÈRE

HORTENSE, *seule*.

HORTENSE

La Princesse m'envoie chercher, que je crains la conversation que nous aurons ensemble ! que me veut-elle ? aurait-elle découvert quelque chose ? Il a fallu me servir d'Arlequin qui m'a paru fidèle. On n'a permis qu'à lui de voir Lélio, m'aurait-il trahi ? l'aurait-on surpris ? Voici quelqu'un, retirons-nous, c'est peut-être la Princesse, et je ne veux pas qu'elle me voie dans ce moment-ci.

SCÈNE II

ARLEQUIN, LISETTE

LISETTE

Il semble que vous vous défiez de moi, Arlequin, vous ne m'apprenez rien de ce qui vous regarde : la Princesse vous a tantôt envoyé chercher, est-elle encore fâchée contre nous ? qu'a-t-elle dit ?

ARLEQUIN

D'abord elle ne m'a rien dit, elle m'a regardé d'un air *suffisant; moi, la peur m'a pris, je me tenais comme cela tout dans un *tas; ensuite elle m'a dit : Approche; j'ai donc avancé un pied, et puis un autre pied, et puis un troisième pied, et de pied en pied je me suis trouvé vers elle, mon chapeau sur mes deux mains.

LISETTE

Après...

ARLEQUIN

Après, nous sommes entrés en conversation, elle m'a dit : Veux-tu que je te pardonne ce que tu as fait ? Tout comme il vous plaira, ai-je dit, je n'ai rien à vous commander, ma bonne dame. Elle a répondu : Va-t'en dire à Hortense que ton maître, à qui on t'a permis de parler, t'a donné en secret ce billet pour elle, tu me rapporteras sa réponse. Madame, dormez en repos et tenez-vous *gaillarde, vous voyez le premier homme du monde pour donner une bourde, vous ne la donneriez pas mieux que moi ; car je mens à faire plaisir, foi de garçon d'honneur.

LISETTE

Vous avez pris le billet ?

ARLEQUIN

Oui, bien promptement.

LISETTE

Et vous l'avez porté à Hortense ?

ARLEQUIN

Oui, mais la prudence m'a pris et j'ai fait une réflexion ; j'ai dit : Par la *mardi, c'est que cette Princesse avec Hortense veut éprouver si je serai encore un coquin.

LISETTE

Eh bien, à quoi vous a conduit cette réflexion-là ? avez-vous dit à Hortense que ce billet venait de la Princesse, et non pas de Monsieur Lélio ?

Arlequin

Vous l'avez deviné, ma mie.

Lisette

Et vous croyez qu'Hortense est de concert avec la Princesse, et qu'elle lui rendra compte de votre sincérité ?

Arlequin

Eh ! quoi donc ? elle ne l'a pas dit ; mais plus fin que moi n'est pas bête.

Lisette

Qu'a-t-elle répondu à votre message ?

Arlequin

Oh ! elle a voulu m'enjôler, en me disant que j'étais un honnête garçon, ensuite elle a fait semblant de griffonner un papier pour Monsieur Lélio.

Lisette

Qu'elle vous a recommandé de lui rendre ?

Arlequin

Oui, mais il n'aura pas besoin de lunettes pour le lire, c'est encore une attrape qu'on me fait.

Lisette

Et qu'en ferez-vous donc ?

Arlequin

Je n'en sais rien, mon honneur est dans l'embarras là-dessus.

LISETTE

Il faut absolument le remettre à la Princesse, Arlequin, n'y manquez pas ; son intention n'était pas que vous avouassiez que ce billet venait d'elle ; par *bonheur que votre aveu n'a servi qu'à persuader à Hortense qu'elle pouvait se fier à vous, peut-être même ne vous aurait-elle pas donné un billet pour Lélio sans cela ; votre imprudence a réussi : mais encore une fois, remettez la réponse à la Princesse, elle ne vous pardonnera qu'à ce prix.

ARLEQUIN

Votre foi ?

LISETTE

J'entends du bruit, c'est peut-être elle qui vient pour vous le demander ; adieu, vous me direz ce qui en sera arrivé.

SCÈNE III

ARLEQUIN, LA PRINCESSE

ARLEQUIN, *seul un moment.*

Tantôt on voulait m'emprisonner pour une fourberie, et à cette heure pour une fourberie on me pardonne. Quel galimatias que l'honneur de ce pays-ci !

LA PRINCESSE

As-tu vu Hortense ?

ARLEQUIN

Oui, Madame, je lui ai menti, suivant votre ordonnance.

LA PRINCESSE

A-t-elle fait réponse ?

ARLEQUIN

Notre tromperie va à merveille, j'ai un billet doux pour Monsieur Lélio.

LA PRINCESSE

Juste Ciel ! donne vite, et retire-toi.

ARLEQUIN, *après avoir fouillé dans toutes ses poches, les vide, et en tire toutes sortes de brimborions* [1].

Ah ! le maudit tailleur, qui m'a fait des poches percées ! Vous verrez que la lettre aura passé par ce trou-là ; attendez, attendez, j'oubliais une poche, la voilà. Non, peut-être que je l'aurai oubliée à l'office, où j'ai été pour me rafraîchir.

LA PRINCESSE

Va la chercher, et me l'apporte sur-le-champ. (*Arlequin s'en va... Elle continue.*)

Indigne amie ! tu lui fais réponse, et me voici convaincue de ta trahison ; tu ne l'aurais jamais avoué sans ce malheureux stratagème, qui ne m'instruit que trop ; allons, poursuivons mon projet, privons l'ingrat de ses honneurs, qu'il ait la douleur de voir son ennemi en sa place, promettons ma main au Roi de Castille, et punissons après les deux perfides de la honte dont ils me couvrent. La voici, contraignons-nous, en attendant le billet qui doit la convaincre.

---

1. Gag traditionnel des Arlequins.

SCÈNE IV

LA PRINCESSE, HORTENSE

HORTENSE

Je me rends à vos ordres, Madame, on m'a dit que vous vouliez me parler.

LA PRINCESSE

Vous jugez bien que dans l'état où je suis, j'ai besoin de consolation, Hortense ; et ce n'est qu'à vous seule à qui je puis ouvrir mon cœur.

HORTENSE

Hélas ! Madame, j'ose vous assurer que vos chagrins sont les miens.

LA PRINCESSE, *à part.*

Je le sais bien, perfide !... Je vous ai confié mon secret comme à la seule amie que j'aie au monde ; Lélio ne m'aime point, vous le savez.

HORTENSE

On aurait de la peine à se l'imaginer, et à votre place je voudrais encore m'éclaircir ; il entre peut-être dans son cœur plus de timidité que d'indifférence.

LA PRINCESSE

De la timidité, Madame ! votre amitié pour moi vous fournit des motifs de consolation bien faibles, ou vous êtes bien distraite.

HORTENSE

On ne peut être plus attentive que je le suis, Madame.

La Princesse

Vous oubliez pourtant les obligations que je vous
ai : lui, n'oser me dire qu'il m'aime ! eh ! ne l'avez-
vous pas informé de ma part des sentiments que j'avais
pour lui ?

Hortense

J'y pensais tout à l'heure, Madame, mais je crains
de l'en avoir mal informé. Je parlais pour une
Princesse, la matière était délicate, je vous aurai peut-
être un peu trop ménagée, je me serai expliquée d'une
manière obscure, Lélio ne m'aura pas entendue, et ce
sera ma faute.

La Princesse

Je crains à mon tour que votre ménagement pour
moi n'ait été plus loin que vous ne dites : peut-être ne
l'avez-vous pas entretenu de mes sentiments, peut-
être l'avez-vous trouvé prévenu pour une autre, et
vous qui prenez à mon cœur un intérêt si tendre, si
généreux, vous m'avez fait un mystère de tout ce qui
s'est passé, c'est une discrétion prudente, dont je vous
crois très capable.

Hortense

Je lui ai dit que vous l'aimiez, Madame, soyez-en
persuadée.

La Princesse

Vous lui avez dit que je l'aimais, et il ne vous a pas
entendue, dites-vous ! Ce n'est pourtant pas s'expliquer d'une manière énigmatique, je suis outrée, je suis
trahie, méprisée, et par qui, Hortense ?

Hortense

Madame, je puis vous être importune en ce
moment-ci, je me retirerai, si vous voulez.

LA PRINCESSE

C'est moi qui vous suis à charge, notre conversation vous * fatigue, je le sens bien ; mais cependant restez, vous me devez un peu de complaisance.

HORTENSE

Hélas ! Madame, si vous lisiez dans mon cœur, vous verriez combien vous m'inquiétez.

LA PRINCESSE, *à part.*

Ah ! je n'en doute pas... Arlequin ne vient point... Calmez cependant vos inquiétudes sur mon compte ; ma situation est triste à la vérité, j'ai été le jouet de l'ingratitude et de la perfidie, mais j'ai pris mon parti, il ne me reste plus qu'à découvrir ma rivale, et cela va être fait ; vous auriez pu me la faire connaître, sans doute ; mais vous la trouvez trop coupable, et vous avez raison.

HORTENSE

Votre rivale ! mais en avez-vous une, ma chère Princesse ? Ne serait-ce pas moi que vous soupçonneriez encore ? parlez-moi franchement ! c'est moi ; vos soupçons continuent. Lélio, disiez-vous tantôt, m'a regardée pendant la fête, Arlequin en dit autant, vous me condamnez là-dessus, vous n'envisagez que moi, voilà comment l'amour juge. Mais mettez-vous l'esprit en repos, souffrez que je me retire comme je le voulais. Je suis prête à partir tout à l'heure, indiquez-moi l'endroit où vous voulez que j'aille, ôtez-moi la liberté, s'il est nécessaire, rendez-la ensuite à Lélio, faites-lui un accueil obligeant, rejetez sa détention sur quelques faux avis, montrez-lui dès aujourd'hui plus d'estime, plus d'amitié que jamais, et de cette amitié qui le frappe, qui l'avertisse de vous étudier, et dans trois jours, dans vingt-quatre heures peut-être saurez-vous à quoi vous en tenir avec lui ; vous voyez comment je m'y prends avec vous, voilà de mon côté

tout ce que je puis faire. Je vous offre tout ce qui
dépend de moi pour vous calmer, bien mortifiée de
n'en pouvoir faire davantage.

LA PRINCESSE

Non, Madame, la vérité même ne peut s'expliquer
d'une manière plus *naïve. Et que serait-ce donc que
votre cœur, si vous étiez coupable après cela ? Calmez-
vous, j'attends des preuves incontestables de votre
innocence ; à l'égard de Lélio, je donne la place à
Frédéric, qui n'a péché, j'en suis sûre, que par excès
de zèle. Je l'ai envoyé chercher, et je veux le charger
du soin de mettre Lélio en lieu où il ne pourra me
nuire ; il m'échapperait s'il était libre, et me rendrait la
fable de toute la terre.

HORTENSE

Ah ! voilà d'étranges résolutions, Madame.

LA PRINCESSE

Elles sont judicieuses.

SCÈNE V

LA PRINCESSE, HORTENSE, ARLEQUIN

ARLEQUIN

Madame, c'est là le billet que Madame Hortense
m'a donné... la voilà pour le dire elle-même.

HORTENSE

Oh ciel !

LA PRINCESSE

Va-t'en.

Il s'en va.

HORTENSE

Souvenez-vous que vous êtes généreuse.

LA PRINCESSE *lit.*

Arlequin est le seul par qui je puisse vous avertir de
ce que j'ai à vous dire, tout dangereux qu'il est peut-
être de s'y fier ; il vient de me donner une preuve de
fidélité sur laquelle je crois pouvoir hasarder ce billet
pour vous dans le péril où vous êtes. Demandez à
parler à la Princesse, plaignez-vous avec douleur de
votre situation, calmez son cœur, et n'oubliez rien de
ce qui pourra lui faire espérer qu'elle touchera le
vôtre... Devenez libre, si vous voulez que je vive,
fuyez après, et laissez à mon amour le soin d'assurer
mon bonheur et le vôtre.

LA PRINCESSE

Je ne sais où j'en suis.

HORTENSE

C'est lui qui m'a sauvé la vie.

LA PRINCESSE

Et c'est vous qui m'arrachez la mienne. Adieu, je
vais me résoudre à ce que je dois faire.

HORTENSE

Arrêtez un moment, Madame, je suis moins coupable que vous ne pensez... Elle fuit... elle ne m'écoute
point : cher Prince, qu'allez-vous devenir... ? je me
meurs, c'est moi, c'est mon amour qui vous perd !
mon amour, ah ! juste ciel ! mon sort sera-t-il de vous
faire périr ? Cherchons-lui partout du secours ; voici
Frédéric, essayons de le gagner lui-même.

SCÈNE VI

FRÉDÉRIC, HORTENSE

HORTENSE

Seigneur, je vous demande un moment d'entretien.

FRÉDÉRIC

J'ai ordre d'aller trouver la Princesse, Madame.

HORTENSE

Je le sais, et je n'ai qu'un mot à vous dire. Je vous apprends que vous allez remplir la place de Lélio.

FRÉDÉRIC

Je l'ignorais; mais si la Princesse le veut, il faudra bien obéir.

HORTENSE

Vous haïssez Lélio, il ne mérite plus votre haine, il est à plaindre aujourd'hui.

FRÉDÉRIC

J'en suis fâché; mais son malheur ne me surprend point, il devait même lui arriver plus tôt, sa conduite était si hardie...

HORTENSE

Moins que vous ne croyez, Seigneur; c'est un homme estimable, plein d'honneur.

FRÉDÉRIC

A l'égard de l'honneur, je n'y touche pas, j'attends toujours à la dernière extrémité pour décider contre les gens là-dessus.

HORTENSE

Vous ne le connaissez pas, soyez persuadé qu'il n'avait nulle intention de vous nuire.

FRÉDÉRIC

J'aurais besoin pour cet article-là d'un peu plus de crédulité que je n'en ai, Madame.

HORTENSE

Laissons donc cela, Seigneur ; mais me croyez-vous sincère ?

FRÉDÉRIC

Oui, Madame, très sincère, c'est un titre que je ne pourrais vous disputer sans injustice ; tantôt quand je vous ai demandé votre protection, vous m'avez donné des preuves de franchise qui ne souffrent pas un mot de réplique.

HORTENSE

Je vous regardais alors comme l'auteur d'une intrigue qui m'était fâcheuse ; mais achevons. La Princesse a des desseins contre Lélio, dont elle doit vous charger ; détournez-la de ces desseins, obtenez d'elle que Lélio sorte dès à présent de ses États, vous n'obligerez point un ingrat : ce service que je vous rendrez, que vous me rendrez à moi-même, le fruit n'en sera pas borné pour vous au seul plaisir d'avoir fait une bonne action, je vous en garantis des récompenses au-dessus de ce que vous pourriez vous imaginer, et telles enfin que je n'ose vous le dire.

FRÉDÉRIC

Des récompenses, Madame ! quand j'aurais l'âme intéressée, que pourrais-je attendre de Lélio ? Mais grâces au ciel, je n'envie ni ses biens ni ses emplois ; ses emplois, j'en accepterai l'embarras, s'il le faut, par

dévouement aux intérêts de la Princesse ; à l'égard de
ses biens, l'acquisition en a été trop rapide et trop
aisée à faire, je n'en voudrais pas, quand il ne tiendrait
qu'à moi de m'en saisir, je rougirais de les mêler avec
les miens ; c'est à l'État à qui ils appartiennent, et c'est
à l'État à les reprendre.

HORTENSE

Ah ! Seigneur ! que l'État s'en saisisse de ces biens
dont vous parlez, si on les lui trouve.

FRÉDÉRIC

Si on les lui trouve ? c'est fort bien dit, Madame ;
car les aventuriers prennent leurs mesures : il est vrai
que lorsqu'on les tient, on peut les engager à révéler
leur secret.

HORTENSE

Si vous saviez de qui vous parlez, vous changeriez
bien de langage, je n'ose en dire plus, je jetterais peut-
être Lélio dans un nouveau péril ; quoi qu'il en soit,
les avantages que vous trouveriez à le servir n'ont
point de rapport à sa fortune présente, ceux dont je
vous entretiens sont d'une autre sorte et bien supé-
rieurs ; je vous le répète, vous ne ferez jamais rien qui
puisse vous en apporter de si grands, je vous en donne
ma parole ; croyez-moi, vous m'en remercierez.

FRÉDÉRIC

Madame, modérez l'intérêt que vous prenez à lui,
supprimez des promesses dont vous ne remarquez pas
l'excès, et qui se décréditent d'elles-mêmes. La Princesse a fait arrêter Lélio, et elle ne pouvait se
déterminer à rien de plus sage ; si, avant que d'en
venir là, elle m'avait demandé mon avis, ce qu'elle a
fait, j'aurais cru, je vous jure, être obligé en
conscience de lui conseiller de le faire ; cela posé, vous

voyez quel est mon devoir dans cette occasion-ci, Madame, la conséquence est aisée à tirer.

HORTENSE

Très aisée, Seigneur Frédéric, vous avez raison ; dès que vous me renvoyez à votre conscience, tout est dit, je sais quelle espèce de devoirs sa délicatesse peut vous dicter.

FRÉDÉRIC

Sur ce *pied-là, Madame, loin de conseiller à la Princesse de laisser échapper un homme aussi dangereux que Lélio, et qui pourrait le devenir encore, vous approuverez que je lui montre la nécessité qu'il y a de m'en laisser disposer d'une manière qui sera douce pour Lélio, et qui pourtant remédiera à tout.

HORTENSE

Qui remédiera à tout... (*A part.*) Le scélérat ! Je serais curieuse, Seigneur Frédéric, de savoir par quelles voies vous rendriez Lélio suspect ; voyons de grâce jusqu'où l'industrie de votre iniquité pourrait tromper la Princesse sur un homme aussi ennemi du mal que vous l'êtes du bien ; car voilà son portrait et le vôtre.

FRÉDÉRIC

Vous vous emportez sans sujet, Madame, encore une fois cachez vos chagrins sur le sort de cet inconnu, ils vous feraient tort, et je ne voudrais pas que la Princesse en fût informée. Vous êtes du sang de nos souverains, Lélio travaillait à se rendre maître de l'État, son malheur vous consterne : tout cela amènerait des réflexions qui pourraient vous embarrasser.

HORTENSE

Allez, Frédéric, je ne vous demande plus rien, vous êtes trop méchant pour être à craindre, votre méchan-

ceté vous met hors d'état de nuire à d'autres qu'à
vous-même ; à l'égard de Lélio, sa destinée, non plus
que la mienne, ne relèvera jamais de la lâcheté de vos
pareils.

FRÉDÉRIC

Madame, je crois que vous voudrez bien me dispenser d'en écouter davantage ; je puis me passer de vous
entendre achever mon éloge. Voici Monsieur l'ambassadeur, et vous me permettrez de le joindre.

SCÈNE VII

L'AMBASSADEUR, HORTENSE, FRÉDÉRIC

HORTENSE

Il me fera raison de vos refus. Seigneur, daignez
m'accorder une grâce, je vous la demande avec la
confiance que l'ambassadeur d'un Roi si vanté me
paraît mériter. La Princesse est irritée contre Lélio ;
elle a dessein de le mettre entre les mains du plus
grand ennemi qu'il ait ici, c'est Frédéric. Je réponds
cependant de son innocence : vous en dirai-je encore
plus, Seigneur ? Lélio m'est cher, c'est un aveu que je
donne au péril où il est, le temps vous prouvera que
j'ai pu le faire ; sauvez Lélio, Seigneur, engagez la
Princesse à vous le confier, vous serez charmé de
l'avoir servi quand vous le connaîtrez, et le Roi de
Castille même vous saura gré du service que vous lui
rendrez.

FRÉDÉRIC

Dès que Lélio est désagréable à la Princesse, et
qu'elle l'a jugé coupable, Monsieur l'ambassadeur
n'ira point lui faire une prière qui lui déplairait.

L'Ambassadeur

J'ai meilleure opinion de la Princesse, elle ne désapprouvera pas une action qui d'elle-même est louable. Oui, Madame, la confiance que vous avez en moi me fait honneur, je ferai tous mes efforts pour la rendre heureuse.

Hortense

Je vois la Princesse qui arrive, et je me retire sûre de vos bontés.

SCÈNE VIII

La Princesse, Frédéric, L'Ambassadeur

La Princesse

Qu'on dise à Hortense de venir, et qu'on amène Lélio.

L'Ambassadeur

Madame, puis-je espérer que vous voudrez bien obliger le Roi de Castille ? ce Prince, en me chargeant des intérêts de son cœur auprès de vous, m'a recommandé encore d'être secourable à tout le monde, c'est donc en son nom que je vous prie de pardonner à Lélio les sujets de colère que vous pouvez avoir contre lui : quoiqu'il ait ainsi mis quelque obstacle aux désirs de mon maître, il faut que je lui rende justice ; il m'a paru très estimable, et je saisis avec plaisir l'occasion qui s'offre de lui être utile.

Frédéric

Rien de plus beau que ce que fait Monsieur l'ambassadeur pour Lélio, Madame ; mais je m'expose encore à vous dire qu'il y a du risque à le rendre libre.

L'Ambassadeur

Je le crois incapable de rien de criminel.

La Princesse

Laissez-nous, Frédéric.

Frédéric

Souhaitez-vous que je revienne, Madame?

La Princesse

Il n'est pas nécessaire.

SCÈNE IX

L'Ambassadeur, La Princesse

La Princesse

La prière que vous me faites aurait suffi, Monsieur, pour m'engager à rendre la liberté à Lélio, quand même je n'y aurais pas été déterminée; mais votre recommandation doit hâter mes résolutions, et je ne l'envoie chercher que pour vous satisfaire.

SCÈNE X

Lélio, Hortense *entrent*.

La Princesse

Lélio, je croyais avoir à me plaindre de vous; mais je suis détrompée. Pour vous faire oublier le chagrin que je vous ai donné, vous aimez Hortense, elle vous aime, et je vous unis ensemble. Pour vous, Monsieur, qui m'avez prié[1] si *généreusement de pardonner à

---

1. Graphie alors correcte.

Lélio, vous pouvez informer le Roi votre maître que je suis prête à recevoir sa main et à lui donner la mienne ; j'ai grande idée d'un prince qui sait se choisir des ministres aussi estimables que vous l'êtes, et son cœur...

L'Ambassadeur

Madame, il ne me siérait pas d'en entendre davantage, c'est le Roi de Castille lui-même qui reçoit le bonheur dont vous le comblez.

La Princesse

Vous, Seigneur ! ma main est bien due à un prince qui la demande d'une manière si galante et si peu attendue.

Lélio

Pour moi, Madame, il ne me reste plus qu'à vous jurer une reconnaissance éternelle. Vous trouverez dans le Prince de Léon tout le zèle qu'il eut pour vous en qualité de ministre ; je me flatte qu'à son tour le Roi de Castille voudra bien accepter mes remerciements.

Le Roi de Castille

Prince, votre rang ne me surprend point, il répond aux sentiments que vous m'avez montrés.

La Princesse

Allons, Madame, de si grands événements méritent bien qu'on se hâte de les terminer.

Arlequin

Pourtant sans moi il y aurait eu encore du tapage.

Lélio

Suis-moi, j'aurai soin de toi.

L'Île des esclaves fait du plateau une île utopique. Qu'est-ce que l'utopie? La représentation d'une société meilleure conforme à la raison, un contre-modèle imaginaire où une sage législation efface les tares et les injustices des sociétés réelles. Le genre s'est lentement répandu en Occident, dans le sillage de l'*Utopia* de Thomas More (1516), et sa vogue ne cesse de croître du XVIᵉ au XVIIIᵉ siècle. La Bruyère, dans le dernier chapitre des *Caractères*, y dénonce les périls de l'esprit d'examen et de révolte contre l'ordre éternel de la Providence; mais Fénelon incarne son idéal social et moral dans la célèbre description de la Bétique (*Les Aventures de Télémaque*, 1699), qui marquera tout le siècle des Lumières, à commencer par le jeune Marivaux, dès son premier roman (*Les Effets surprenants de la sympathie*, 1712-1713).

Une île, une tempête, un naufrage : ingrédients classiques du voyage utopique. Marivaux choisit ici d'y ajouter la distance du temps, en reportant l'action dans l'Antiquité. La pièce combine ainsi le genre utopique (une société réformée à valeur exemplaire), des éléments antiques, des mœurs contemporaines (le petit-maître, la coquette), et la tradition du théâtre italien (Arlequin, Trivelin) : délicat dosage de dépaysement et de reconnaissance, de fantaisie et de mimésis.

L'utopie d'avant 1789 est essentiellement descriptive. Brouillée avec l'événement (sauf chez Prévost), elle se complaît dans le discours didactique (que de bons vieillards bavards!), dans l'arpentage émerveillé d'une société figée sur son ordre immobile : vertus peu dramaturgiques. Le traitement thérapeutique de l'utopie par Marivaux passe donc par une cure d'action. Sa société utopique n'a rien à dire sur elle-même : les voyageurs, de voyeurs d'un monde transformé, deviennent les acteurs de leur propre transformation, qui les renvoie aussitôt dans le monde. Nulle fascination ici d'un monde idéal organisé par la pure raison, acharné à se protéger des miasmes extérieurs pour perdurer dans sa perfection. Le voyage consiste à descendre en soi-même, à percer les voiles et les masques pour atteindre l'Homme : le salut ne vient pas de la raison législatrice, mais des mouvements du cœur, par quoi des hommes se traitent en hommes en dépit de leur inévitable inégalité.

Il est trop clair alors qu'à chercher ici un programme de réformes, ou à en regretter la timidité, on erre à l'aventure. Au cœur de *L'Île des esclaves*, il y a l'expérience de l'humiliation, déshumanisante quand elle traite l'être humain en esclave, féconde quand elle permet de faire retour sur soi, car elle suscite alors la *pitié* (la pitié étreint Lélio dans *Le Prince*, et même Léontine-Phocion dans *Le Triomphe*). Que cette guérison passe par l'échange fictif des rôles n'est évidemment pas un hasard : *L'Île des esclaves* n'est pas seulement une utopie au théâtre, c'est très exactement une utopie du théâtre, où le spectateur, naufragé volontaire, doit apprendre à devenir un peu plus pur en jouant à faire semblant. Arlequin est bien à sa place dans cette *épreuve* inventée par les dieux. Ou par les Grecs, qui imaginèrent aussi la purgation des passions, dont cette pièce serait peut-être bien la représentation à l'italienne. Peut-on en vouloir à Marivaux de trop croire aux pouvoirs du théâtre ? Il n'aura sans doute vu, chez le Rousseau de la *Lettre à d'Alembert sur les spectacles* (1758), qu'un acteur de mauvaise foi.

L'Île des esclaves a connu d'entrée de jeu (5 mars 1725) un vif succès, préparé sans doute par le goût des utopies (qu'on distinguait mal des récits de voyage) et des pièces sociales (dont témoigne la réussite de Delisle de La Drévetière avec *Arlequin sauvage*, 1721, et *Timon le Misanthrope*, 1722), par la faveur aussi, auprès du public, des petites pièces en un acte. Avec 17 représentations en 1725, 8 en 1732 et 1736, 11 en 1754, 8 en 1757, on aboutit, entre 1725 et 1762 (date de la fusion des Italiens et de l'Opéra-Comique) à un total de 121 représentations attestées, ce qui place *L'Île des esclaves* au dixième rang des pièces de Marivaux les plus jouées durant cette période (le septième si l'on prend en compte les représentations probables : 172 pour tout le siècle). À titre de comparaison, *Le Prince travesti*, avec 44 séances attestées, 66 probables, vient en treizième et douzième position. *L'Île* est entrée à la Comédie-Française en 1939. Il revient sans doute à G. Strehler (1989) de marquer l'histoire de cette pièce, comme J. Vilar l'a fait pour *Le Triomphe de l'amour* (1955) et P. Chéreau pour *La Dispute* (1973).

L'ILE DES ESCLAVES

Comédie en un acte et en prose
représentée pour la première fois
le 5 mars 1725
par les Comédiens Italiens

Acteurs

IPHICRATE
ARLEQUIN
EUPHROSINE
CLÉANTHIS
TRIVELIN
Des habitants de l'île.

La scène est dans l'Île des Esclaves.

*Le théâtre représente une mer et des rochers d'un côté,
et de l'autre quelques arbres et des maisons*

SCÈNE PREMIÈRE

IPHICRATE *s'avance tristement sur le théâtre avec* ARLEQUIN

IPHICRATE, *après avoir soupiré.*

Arlequin !

ARLEQUIN, *avec une bouteille de vin qu'il a à sa ceinture.*

Mon patron.

IPHICRATE

Que deviendrons-nous dans cette île ?

ARLEQUIN

Nous deviendrons maigres, étiques, et puis morts de faim : voilà mon sentiment et notre histoire.

IPHICRATE

Nous sommes seuls échappés du naufrage ; tous nos camarades ont péri, et j'envie maintenant leur sort.

ARLEQUIN

Hélas ! ils sont noyés dans la mer, et nous avons la
même * commodité.

IPHICRATE

Dis-moi : quand notre vaisseau s'est brisé contre le
rocher, quelques-uns des nôtres ont eu le temps de se
jeter dans la chaloupe ; il est vrai que les vagues l'ont
enveloppée, je ne sais ce qu'elle est devenue ; mais
peut-être auront-ils eu le bonheur d'aborder en quelque endroit de l'île, et je suis d'avis que nous les
cherchions.

ARLEQUIN

Cherchons, il n'y a pas de mal à cela ; mais
reposons-nous auparavant pour boire un petit coup
d'eau-de-vie : j'ai sauvé ma pauvre bouteille, la voilà ;
j'en boirai les deux tiers, comme de raison, et puis je
vous donnerai le reste.

IPHICRATE

Eh ! ne perdons point de temps, suis-moi, ne
négligeons rien pour nous tirer d'ici ; si je ne me
sauve, je suis perdu, je ne reverrai jamais Athènes, car
nous sommes dans l'Île des Esclaves.

ARLEQUIN

Oh, oh ! qu'est-ce que c'est que cette race-là ?

IPHICRATE

Ce sont des esclaves de la Grèce révoltés contre leurs
maîtres, et qui depuis cent ans sont venus s'établir
dans une île, et je crois que c'est ici : tiens, voici sans
doute quelques-unes de leurs cases ; et leur coutume,
mon cher Arlequin, est de tuer tous les maîtres qu'ils
rencontrent, ou de les jeter dans l'esclavage.

ARLEQUIN

Eh ! chaque pays a sa coutume ; ils tuent les maîtres, à la bonne heure, je l'ai entendu dire aussi, mais on dit qu'ils ne font rien aux esclaves comme moi.

IPHICRATE

Cela est vrai.

ARLEQUIN

Eh ! encore vit-on.

IPHICRATE

Mais je suis en danger de perdre la liberté, et peut-être la vie ; Arlequin, cela ne te suffit-il pas pour me plaindre ?

ARLEQUIN, *prenant sa bouteille pour boire.*

Ah ! je vous plains de tout mon cœur, cela est juste.

IPHICRATE

Suis-moi donc.

ARLEQUIN *siffle.*

Hu, hu, hu.

IPHICRATE

Comment donc, que veux-tu dire ?

ARLEQUIN, *distrait, chante.*

Tala ta lara.

IPHICRATE

Parle donc, as-tu perdu l'esprit, à quoi penses-tu ?

ARLEQUIN, *riant.*

Ah ! ah ! ah ! Monsieur Iphicrate, la drôle d'aventure ; je vous plains, par ma foi, mais je ne saurais m'empêcher d'en rire.

IPHICRATE, *à part les premiers mots.*

Le coquin abuse de ma situation, j'ai mal fait de lui dire où nous sommes. Arlequin, ta gaieté ne vient pas à propos, marchons de ce côté.

ARLEQUIN

J'ai les jambes si engourdies.

IPHICRATE

Avançons, je t'en prie.

ARLEQUIN

Je t'en prie, je t'en prie ; comme vous êtes civil et poli ; c'est l'air du pays qui fait cela.

IPHICRATE

Allons, hâtons-nous, faisons seulement une demi-lieue sur la côte pour chercher notre chaloupe, que nous trouverons peut-être avec une partie de nos gens ; et en ce cas-là, nous nous rembarquerons avec eux.

ARLEQUIN, *en badinant.*

Badin, comme vous tournez cela.

Il chante.

L'embarquement est divin
Quand on vogue, vogue, vogue,
L'embarquement est divin
Quand on vogue avec Catin [1].

1. Chanson inconnue, qui évoque le thème de l'embarquement pour Cythère.

IPHICRATE, *retenant sa colère.*

Mais je ne te comprends point, mon cher Arlequin.

ARLEQUIN

Mon cher patron, vos compliments me charment ; vous avez coutume de m'en faire à coups de gourdin qui ne valent pas ceux-là, et le gourdin est dans la chaloupe.

IPHICRATE

Eh ! ne sais-tu pas que je t'aime ?

ARLEQUIN

Oui ; mais les marques de votre amitié tombent toujours sur mes épaules, et cela est * mal placé. Ainsi tenez, pour ce qui est de nos gens, que le ciel les bénisse ; s'ils sont morts, en voilà pour longtemps ; s'ils sont en vie, cela se passera, et je m'en * goberge.

IPHICRATE, *un peu ému.*

Mais j'ai besoin d'eux, moi.

ARLEQUIN, *indifféremment.*

Oh ! cela se peut bien, chacun a ses affaires ; que je ne vous dérange pas.

IPHICRATE

Esclave insolent !

ARLEQUIN, *riant.*

Ah ! ah ! vous parlez la langue d'Athènes, mauvais jargon que je n'entends plus.

IPHICRATE

* Méconnais-tu ton maître, et n'es-tu plus mon esclave ?

ARLEQUIN, *se reculant d'un air sérieux.*

Je l'ai été, je le confesse à ta honte ; mais va, je te le pardonne : les hommes ne valent rien. Dans le pays d'Athènes j'étais ton esclave, tu me traitais comme un pauvre animal, et tu disais que cela était juste, parce que tu étais le plus fort : eh bien, Iphicrate, tu vas trouver ici plus fort que toi ; on va te faire esclave à ton tour ; on te dira aussi que cela est juste, et nous verrons ce que tu penseras de cette justice-là, tu m'en diras ton sentiment, je t'attends là. Quand tu auras souffert, tu seras plus raisonnable, tu sauras mieux ce qu'il est permis de faire souffrir aux autres. Tout en irait mieux dans le monde, si ceux qui te ressemblent recevaient la même leçon que toi. Adieu, mon ami, je vais trouver mes camarades et tes maîtres. (*Il s'éloigne.*)

IPHICRATE, *au désespoir, courant après lui*
l'épée à la main.

Juste ciel ! peut-on être plus malheureux et plus outragé que je le suis ? Misérable, tu ne mérites pas de vivre.

ARLEQUIN

Doucement ; tes forces sont bien diminuées, car je ne t'obéis plus, prends-y garde.

SCÈNE II

TRIVELIN *avec cinq ou six insulaires arrive*
conduisant une Dame et la Suivante, et
ils accourent
à IPHICRATE *qu'ils voient l'épée à la main*

Arrêtez, que voulez-vous faire ?

IPHICRATE

Punir l'insolence de mon esclave.

TRIVELIN

Votre esclave ? vous vous trompez, et l'on vous apprendra à corriger vos termes. (*Il prend l'épée d'Iphicrate et la donne à Arlequin.*) Prenez cette épée, mon camarade [1], elle est à vous.

ARLEQUIN

Que le ciel vous tienne * gaillard, brave camarade que vous êtes.

TRIVELIN

Comment vous appelez-vous ?

ARLEQUIN

Est-ce mon nom que vous demandez ?

TRIVELIN

Oui vraiment.

ARLEQUIN

Je n'en ai point, mon camarade.

TRIVELIN

Quoi donc, vous n'en avez pas ?

ARLEQUIN

Non, mon camarade, je n'ai que des sobriquets qu'il m'a donnés ; il m'appelle quelquefois Arlequin, quelquefois Hé.

---

1. Le mot fait retour dans *L'Indigent philosophe* (1727).

TRIVELIN

Hé, le terme est sans façon; je reconnais ces messieurs à de pareilles licences : et lui, comment s'appelle-t-il ?

ARLEQUIN

Oh! diantre, il s'appelle par un nom, lui; c'est le seigneur Iphicrate [2].

TRIVELIN

Eh bien, changez de nom à présent; soyez le seigneur Iphicrate à votre tour; et vous, Iphicrate, appelez-vous Arlequin, ou bien Hé.

ARLEQUIN, *sautant de joie, à son maître.*

Oh! Oh! que nous allons rire, seigneur Hé!

TRIVELIN, *à Arlequin.*

Souvenez-vous en prenant son nom, mon cher ami, qu'on vous le donne bien moins pour réjouir votre vanité, que pour le corriger de son orgueil.

ARLEQUIN

Oui, oui, corrigeons, corrigeons.

IPHICRATE, *regardant Arlequin.*
Maraud!

ARLEQUIN

Parlez donc, mon bon ami, voilà encore une licence qui lui prend; cela est-il du jeu ?

TRIVELIN, *à Arlequin.*

Dans ce moment-ci, il peut vous dire tout ce qu'il voudra. (*À Iphicrate.*) Arlequin, votre aventure vous

1. Iphicrate : littéralement, « qui règne par la violence ».

afflige, et vous êtes outré contre Iphicrate et contre
nous. Ne vous gênez point, soulagez-vous par l'em-
portement le plus vif ; traitez-le de misérable et nous
aussi, tout vous est permis à présent : mais ce
moment-ci passé, n'oubliez pas que vous êtes Arlequin, que voici Iphicrate, et que vous êtes auprès de
lui ce qu'il était auprès de vous : ce sont là nos lois, et
ma charge dans la République est de les faire observer
en ce canton-ci.

ARLEQUIN

Ah ! la belle charge !

IPHICRATE

Moi, l'esclave de ce misérable !

TRIVELIN

Il a bien été le vôtre.

ARLEQUIN

Hélas ! il n'a qu'à être bien obéissant, j'aurai mille
bontés pour lui.

IPHICRATE

Vous me donnez la liberté de lui dire ce qu'il me
plaira, ce n'est pas assez ; qu'on m'accorde encore un
bâton.

ARLEQUIN

Camarade, il demande à parler à mon dos, et je le
mets sous la protection de la République, au moins.

TRIVELIN

Ne craignez rien.

CLÉANTHIS, *à Trivelin.*

Monsieur, je suis esclave aussi, moi, et du même vaisseau ; ne m'oubliez pas, s'il vous plaît.

TRIVELIN

Non, ma belle enfant ; j'ai bien *connu votre condition à votre habit, et j'allais vous parler de ce qui vous regarde, quand je l'ai vu l'épée à la main. Laissez-moi achever ce que j'avais à dire. Arlequin !

ARLEQUIN, *croyant qu'on l'appelle.*

Eh... À propos, je m'appelle Iphicrate.

TRIVELIN, *continuant.*

Tâchez de vous calmer ; vous savez qui nous sommes, sans doute.

ARLEQUIN

Oh ! morbleu, d'aimables gens.

CLÉANTHIS

Et raisonnables.

TRIVELIN

Ne m'interrompez point, mes enfants ; je pense donc que vous savez qui nous sommes. Quand nos pères, irrités de la cruauté de leurs maîtres, quittèrent la Grèce et vinrent s'établir ici, dans le ressentiment des outrages qu'ils avaient reçus de leurs patrons, la première loi qu'ils y firent fut d'ôter la vie à tous les maîtres que le hasard ou le naufrage conduirait dans leur île, et conséquemment de rendre la liberté à tous les esclaves : la vengeance avait dicté cette loi ; vingt ans après la raison l'abolit, et en dicta une plus douce. Nous ne nous vengeons plus de vous, nous vous corrigeons ; ce n'est plus votre vie que nous poursuivons, c'est la barbarie de vos cœurs que nous voulons détruire ; nous vous jetons dans l'esclavage pour vous rendre sensibles aux maux qu'on y éprouve ; nous vous humilions, afin que, nous trouvant *superbes, vous vous reprochiez de l'avoir été. Votre esclavage, ou plutôt votre cours d'humanité, dure trois ans, au bout desquels on vous renvoie, si vos maîtres sont contents de vos progrès ; et si vous ne devenez pas meilleurs, nous vous retenons par charité pour les nouveaux malheureux que vous iriez faire encore ailleurs ; et par bonté pour vous, nous vous marions avec une de nos citoyennes. Ce sont là nos lois à cet égard, mettez à profit leur rigueur salutaire. Remerciez le sort qui vous conduit ici ; il vous remet en nos mains durs, injustes et superbes ; vous voilà en mauvais état, nous entreprenons de vous guérir ; vous êtes moins nos esclaves que nos malades, et nous ne prenons que trois ans pour vous rendre sains ; c'est-à-dire, humains, raisonnables et généreux pour toute votre vie.

ARLEQUIN

Et le tout *gratis*, sans purgation ni saignée. *Peut-on de la santé à meilleur compte ?

TRIVELIN

Au reste, ne cherchez point à vous sauver de ces lieux, vous le tenteriez sans succès, et vous feriez votre fortune plus mauvaise : commencez votre nouveau régime de vie par la patience.

ARLEQUIN

Dès que c'est pour son bien, qu'y a-t-il à dire ?

TRIVELIN, *aux esclaves.*

Quant à vous, mes enfants, qui devenez libres et citoyens, Iphicrate habitera cette case avec le nouvel Arlequin, et cette belle fille demeurera dans l'autre :

vous aurez soin de changer d'habit ensemble, c'est
l'ordre. (*À Arlequin.*) Passez maintenant dans une
maison qui est à côté, où l'on vous donnera à manger,
si vous en avez besoin. Je vous apprends au reste que
vous avez huit jours à vous réjouir du changement de
votre état ; après quoi l'on vous donnera, comme à
tout le monde, une occupation convenable. Allez, je
vous attends ici. (*Aux insulaires.*) Qu'on les conduise.
(*Aux femmes.*) Et vous autres, restez. (*Arlequin en s'en
allant fait de grandes révérences à Cléanthis.*)

SCÈNE III

TRIVELIN, CLÉANTHIS, *esclave*,
EUPHROSINE, *sa maîtresse.*

TRIVELIN

Ah ! ça, ma compatriote, car je regarde désormais
notre île comme votre patrie, dites-moi aussi votre
nom.

CLÉANTHIS, *saluant.*

Je m'appelle Cléanthis, et elle Euphrosine.

TRIVELIN

Cléanthis ; passe pour cela.

CLÉANTHIS

J'ai aussi des surnoms ; vous plaît-il de les savoir ?

TRIVELIN

Oui-da. Et quels sont-ils ?

CLÉANTHIS

J'en ai une liste : Sotte, Ridicule, Bête, Butorde,
Imbécile, *et cætera.*

EUPHROSINE, *en soupirant.*

Impertinente que vous êtes !

CLÉANTHIS

Tenez, tenez, en voilà encore un que j'oubliais.

TRIVELIN

Effectivement, elle nous prend sur le fait. Dans
votre pays, Euphrosine, on a bientôt dit des injures à
ceux à qui l'on en peut dire impunément.

EUPHROSINE

Hélas ! que voulez-vous que je lui réponde, dans
l'étrange aventure où je me trouve ?

CLÉANTHIS

Oh ! dame, il n'est plus si aisé de me répondre.
Autrefois il n'y avait rien de si commode ; on n'avait
affaire qu'à de pauvres gens : fallait-il tant de cérémo-
nies ? Faites cela, je le veux, taisez-vous, sotte ! voilà
qui était fini. Mais à présent il faut parler raison : c'est
un langage étranger pour Madame, elle l'apprendra
avec le temps ; il faut se donner patience : je ferai de
mon mieux pour l'avancer.

TRIVELIN, *à Cléanthis.*

Modérez-vous, Euphrosine. (*À Euphrosine.*) Et
vous, Cléanthis, ne vous abandonnez point à votre
douleur. Je ne puis changer nos lois, ni vous en
affranchir : je vous ai montré combien elles étaient
louables et salutaires pour vous.

CLÉANTHIS

Hum ! Elle me trompera bien si elle amende.

TRIVELIN

Mais comme vous êtes d'un sexe naturellement assez faible, et que par là vous avez dû céder plus facilement qu'un homme aux exemples de hauteur, de mépris et de dureté qu'on vous a donnés chez vous contre leurs pareils, tout ce que je puis faire pour vous, c'est de prier Euphrosine de peser avec bonté les torts que vous avez avec elle, afin de les peser avec justice.

CLÉANTHIS

Oh ! tenez, tout cela est trop savant pour moi, je n'y comprends rien ; j'irai le grand *chemin, je pèserai comme elle pesait ; ce qui viendra, nous le prendrons.

TRIVELIN

Doucement, point de vengeance.

CLÉANTHIS

Mais, notre bon ami, au bout du compte, vous parlez de son sexe ; elle a le défaut d'être faible, je lui en offre autant ; je n'ai pas la vertu d'être forte. S'il faut que j'excuse toutes ses mauvaises manières à mon égard, il faudra donc qu'elle excuse aussi la rancune que j'en ai contre elle ; car je suis femme autant qu'elle, moi : voyons, qui est-ce qui décidera ? Ne suis-je pas la maîtresse, une *fois ? Eh bien, qu'elle commence toujours par excuser ma rancune ; et puis, moi, je lui pardonnerai quand je pourrai ce qu'elle m'a fait : qu'elle attende.

EUPHROSINE, *à Trivelin.*

Quels discours ! Faut-il que vous m'exposiez à les entendre ?

CLÉANTHIS

Souffrez-les, Madame, c'est le fruit de vos œuvres.

TRIVELIN

Allons, Euphrosine, modérez-vous.

CLÉANTHIS

Que voulez-vous que je vous dise ? quand on a de la
colère, il n'y a rien de tel pour la passer, que de la
contenter un peu, voyez-vous ; quand je l'aurai querel-
lée à mon aise une douzaine de fois seulement, elle en
sera quitte ; mais il me faut cela.

TRIVELIN, *à part, à Euphrosine*.

Il faut que ceci ait son cours ; mais consolez-vous,
cela finira plus tôt que vous ne pensez. (*À Cléanthis.*)
J'espère, Euphrosine, que vous perdrez votre ressentiment, et je vous y exhorte en ami. Venons maintenant
à l'examen de son caractère : il est nécessaire que vous
m'en donniez un portrait, qui se doit faire devant la
personne qu'on peint, afin qu'elle se connaisse, qu'elle
rougisse de ses ridicules, si elle en a, et qu'elle se
corrige. Nous avons là de bonnes intentions, comme
vous voyez. Allons, commençons.

CLÉANTHIS

Oh ! que cela est bien inventé ! Allons, me voilà
prête ; interrogez-moi, je suis dans mon fort.

EUPHROSINE, *doucement*.

Je vous prie, Monsieur, que je me retire, et que je
n'entende point ce qu'elle va dire.

TRIVELIN

Hélas ! ma chère Dame, cela n'est * fait que pour
vous ; il faut que vous soyez présente.

CLÉANTHIS

Restez, restez, un peu de honte est bientôt passé.

TRIVELIN

Vaine, minaudière et coquette, voilà d'abord à peu près sur quoi je vais vous interroger au hasard. Cela la regarde-t-il ?

CLÉANTHIS

Vaine, minaudière et coquette ; si cela la regarde ? Eh ! voilà ma chère maîtresse ! cela lui ressemble comme son visage.

EUPHROSINE

N'en voilà-t-il pas assez, Monsieur ?

TRIVELIN

Ah ! je vous félicite du petit embarras que cela vous donne ; vous sentez, c'est bon signe, et j'en augure bien pour l'avenir : mais ce ne sont encore là que les grands traits ; détaillons un peu cela. En quoi donc, par exemple, lui trouvez-vous les défauts dont nous parlons ?

CLÉANTHIS

En quoi ? partout, à toute heure, en tous lieux ; je vous ai dit de m'interroger ; mais par où commencer, je n'en sais rien, je m'y perds ; il y a tant de choses, j'en ai tant vu, tant remarqué dc toutes les espèces, que cela me brouille. Madame se tait, Madame parle ; elle regarde, elle est triste, elle est gaie : silence, discours, regards, tristesse et joie, c'est tout un, il n'y a que la couleur de différente ; c'est vanité muette, contente ou fâchée ; c'est coquetterie babillarde, jalouse ou curieuse ; c'est Madame, toujours vaine ou coquette l'un après l'autre, ou tous les deux à la fois : voilà ce que c'est, voilà par où je débute, rien que cela.

EUPHROSINE

Je n'y saurais tenir.

Trivelin

Attendez donc, ce n'est qu'un début.

Cléanthis

Madame se lève ; a-t-elle bien dormi, le sommeil l'a-t-il rendu [1] belle, se sent-elle du vif, du sémillant dans les yeux ? vite sur les armes, la journée sera glorieuse : Qu'on m'habille ! Madame verra du monde aujourd'hui ; elle ira aux spectacles, aux promenades, aux assemblées ; son visage peut se manifester, peut * soutenir le grand jour, il fera plaisir à voir, il n'y a qu'à le promener hardiment, il est en état, il n'y a rien à craindre.

Trivelin, à *Euphrosine*.

Elle développe assez bien cela.

Cléanthis

Madame, au contraire, a-t-elle mal reposé ? Ah ! qu'on m'apporte un miroir ! comme me voilà faite ! que je suis * mal bâtie ! Cependant on se mire, on éprouve son visage de toutes les façons, rien ne réussit ; des yeux battus, un teint fatigué ; voilà qui est fini, il faut * envelopper ce visage-là, nous n'aurons que du négligé, Madame ne verra personne aujourd'hui, pas même le jour, si elle peut ; du moins fera-t-il sombre dans la * chambre. Cependant il vient compagnie, on entre : que va-t-on penser du visage de Madame ? on croira qu'elle enlaidit : donnera-t-elle ce plaisir-là à ses bonnes amies ? non, il y a remède à tout : vous allez voir. Comment vous portez-vous, Madame ? Très mal, Madame : j'ai perdu le sommeil ; il y a huit jours que je n'ai fermé l'œil ; je n'ose pas me montrer, je fais peur. Et cela veut dire : Messieurs, figurez-vous que ce n'est point moi, au moins ; ne me regardez pas ; remettez à me voir ; ne me jugez pas

---

1. Non-accord du participe, correct dans la langue classique.

aujourd'hui ; attendez que j'aie dormi. J'entendais tout cela, moi ; car nous autres esclaves, nous sommes doués contre nos maîtres d'une pénétration... Oh ! ce sont de pauvres gens pour nous.

TRIVELIN, à *Euphrosine*.

Courage, Madame, profitez de cette peinture-là, car elle me paraît fidèle.

EUPHROSINE

Je ne sais où j'en suis.

CLÉANTHIS

Vous en êtes aux deux tiers, et j'achèverai, pourvu que cela ne vous ennuie pas.

TRIVELIN

Achevez, achevez ; Madame *soutiendra bien le reste.

CLÉANTHIS

Vous souvenez-vous d'un soir où vous étiez avec ce cavalier si bien fait ? j'étais dans la chambre ; vous vous entreteniez bas ; mais j'ai l'oreille fine : vous vouliez lui plaire sans faire semblant de rien ; vous parliez d'une femme qu'il voyait souvent. Cette femme-là est aimable, disiez-vous ; elle a les yeux petits, mais très doux ; et là-dessus vous ouvriez les vôtres, vous vous donniez des tons, des gestes de tête, de petites contorsions, des vivacités. Je riais. Vous réussîtes pourtant, le cavalier s'y prit ; il vous offrit son cœur. À moi ? lui dîtes-vous. Oui, Madame, à vous-même, à tout ce qu'il y a de plus aimable au monde. Continuez, folâtre, continuez, dites-vous, en ôtant vos gants sous prétexte de m'en demander d'autres. Mais vous avez la main belle, il la vit, il la prit, il la baisa, cela anima sa déclaration ; et c'était là les gants que vous demandiez. Eh bien, y suis-je ?

TRIVELIN, *à Euphrosine.*

En vérité, elle a raison.

CLÉANTHIS

Écoutez, écoutez, voici le plus plaisant. Un jour qu'elle pouvait m'entendre, et qu'elle croyait que je ne m'en doutais pas, je parlais d'elle, et je dis : Oh ! pour cela, il faut l'avouer, Madame est une des plus belles femmes du monde. Que de bontés, pendant huit jours, ce petit mot-là ne me valut-il pas ! J'essayai en pareille occasion de dire que Madame était une femme très raisonnable : oh ! je n'eus rien, cela ne prit point ; et c'était bien fait, car je la flattais.

EUPHROSINE

Monsieur, je ne resterai point, ou l'on me fera rester par force ; je ne puis en souffrir davantage.

TRIVELIN

En voilà donc assez pour à présent.

CLÉANTHIS

J'allais parler des vapeurs de *mignardise auxquelles Madame est sujette à la moindre odeur. Elle ne sait pas qu'un jour je mis à son insu des fleurs dans la ruelle de son lit pour voir ce qu'il en serait. J'attendais une vapeur, elle est encore à venir. Le lendemain, en compagnie, une rose parut, crac, la vapeur arrive.

TRIVELIN

Cela suffit, Euphrosine, promenez-vous un moment à quelques pas de nous, parce que j'ai quelque chose à lui dire ; elle ira vous rejoindre ensuite.

CLÉANTHIS, *s'en allant.*

Recommandez-lui d'être docile, au moins. Adieu, notre bon ami, je vous ai diverti, j'en suis bien aise ;

une autre fois je vous dirai *comme quoi Madame s'abstient souvent de mettre de beaux habits, pour en mettre un négligé qui lui marque tendrement la taille. C'est encore une finesse que cet habit-là ; on dirait qu'une femme qui le met ne se soucie pas de paraître : mais à d'autres ! on s'y ramasse dans un corset appétissant, on y montre sa bonne façon naturelle ; on y dit aux gens : Regardez mes grâces, elles sont à moi, celles-là ; et d'un autre côté on veut leur dire aussi : Voyez comme je m'habille, quelle simplicité, il n'y a point de coquetterie dans mon fait.

TRIVELIN

Mais je vous ai prié [1] de nous laisser.

CLÉANTHIS

Je sors, et tantôt nous reprendrons le discours qui sera fort divertissant ; car vous verrez aussi *comme quoi Madame entre dans une loge au spectacle, avec quelle emphase, avec quel air imposant, quoique d'un air distrait et sans y penser ; car c'est la belle éducation qui donne cet orgueil-là. Vous verrez comme dans la loge on y jette un regard indifférent et dédaigneux sur des femmes qui sont à côté, et qu'on ne connaît pas. Bonjour, notre bon ami, je vais à notre auberge.

SCÈNE IV

TRIVELIN, EUPHROSINE

TRIVELIN

Cette scène-ci vous a un peu *fatiguée, mais cela ne vous nuira pas.

EUPHROSINE

Vous êtes des barbares.

---

1. Voir note précédente.

TRIVELIN

Nous sommes d'honnêtes gens qui vous instruisons ; voilà tout. Il vous reste encore à satisfaire à une petite formalité.

EUPHROSINE

Encore des formalités !

TRIVELIN

Celle-ci est moins que rien ; je dois faire rapport de tout ce que je viens d'entendre, et de tout ce que vous m'allez répondre. Convenez-vous de tous les sentiments coquets, de toutes les singeries d'amour-propre qu'elle vient de vous attribuer ?

EUPHROSINE

Moi, j'en conviendrais ! Quoi, de pareilles faussetés sont-elles croyables ?

TRIVELIN

Oh ! très croyables, prenez-y garde. Si vous en convenez, cela contribuera à rendre votre condition meilleure : je ne vous en dis pas davantage... On espérera que, vous étant reconnue, vous abjurerez un jour toutes ces folies qui font qu'on n'aime que soi, et qui ont distrait votre bon cœur d'une infinité d'attentions plus louables. Si au contraire vous ne convenez pas de ce qu'elle a dit, on vous regardera comme incorrigible, et cela reculera votre délivrance. Voyez, consultez-vous.

EUPHROSINE

Ma délivrance ! Eh ! puis-je l'espérer ?

TRIVELIN

Oui, je vous la garantis aux conditions que je vous dis.

EUPHROSINE

Bientôt ?

TRIVELIN

Sans doute.

EUPHROSINE

Monsieur, faites donc comme si j'étais convenue de tout.

TRIVELIN

Quoi, vous me conseillez de mentir !

EUPHROSINE

En vérité, voilà d'étranges conditions, cela révolte !

TRIVELIN

Elles humilient un peu, mais cela est fort bon. Déterminez-vous ; une liberté très prochaine est le prix de la vérité. Allons, ne ressemblez-vous pas au portrait qu'on a fait ?

EUPHROSINE

Mais...

TRIVELIN

Quoi ?

EUPHROSINE

Il y a du vrai, par-ci, par-là.

TRIVELIN

Par-ci, par-là, n'est point votre compte : avouez-vous tous les faits ? en a-t-elle trop dit ? n'a-t-elle dit que ce qu'il faut ? Hâtez-vous, j'ai autre chose à faire.

EUPHROSINE

Vous faut-il une réponse si exacte ?

TRIVELIN

Eh ! oui, Madame, et le tout pour votre bien.

EUPHROSINE

Eh bien...

TRIVELIN

Après ?

EUPHROSINE

Je suis jeune...

TRIVELIN

Je ne vous demande pas votre âge.

EUPHROSINE

On est d'un certain rang, on aime à plaire.

TRIVELIN

Et c'est ce qui fait que le portrait vous ressemble.

EUPHROSINE

Je crois qu'oui.

TRIVELIN

Eh ! voilà ce qu'il nous fallait. Vous trouvez aussi le portrait un peu risible, n'est-ce pas ?

EUPHROSINE

Il faut bien l'avouer.

TRIVELIN

À merveille : je suis content, ma chère dame. Allez rejoindre Cléanthis ; je lui rends déjà son véritable nom, pour vous donner encore des gages de ma parole. Ne vous impatientez point, montrez un peu de docilité, et le moment espéré arrivera.

EUPHROSINE

Je m'en fie à vous.

SCÈNE V

ARLEQUIN, IPHICRATE,
qui ont changé d'habits,
TRIVELIN

ARLEQUIN

Tirlan, tirlan, tirlantaine, tirlanton. Gai, camarade, le vin de la République est merveilleux, j'en ai bu bravement ma *pinte ; car je suis si altéré depuis que je suis maître, que tantôt j'aurai encore soif pour *pinte. Que le ciel conserve la vigne, le vigneron, la vendange et les caves de notre admirable République !

TRIVELIN

Bon, réjouissez-vous, mon camarade. Êtes-vous content d'Arlequin ?

ARLEQUIN

Oui, c'est un bon enfant, j'en ferai quelque chose. Il soupire parfois, et je lui ai défendu cela, sous peine de désobéissance ; et je lui ordonne de la joie. *(Il prend son maître par la main et danse.)* Tala rara la la...

TRIVELIN

Vous me réjouissez moi-même.

ARLEQUIN

Oh ! quand je suis gai, je suis de bonne humeur.

TRIVELIN

Fort bien. Je suis charmé de vous voir satisfait d'Arlequin. Vous n'aviez pas beaucoup à vous plaindre de lui dans son pays, apparemment.

ARLEQUIN

Hé[1] ! là-bas ? Je lui voulais souvent un mal de diable, car il était quelquefois insupportable : mais à cette heure que je suis heureux, tout est payé, je lui ai donné quittance.

TRIVELIN

Je vous aime de ce caractère, et vous me touchez. C'est-à-dire que vous jouirez modestement de votre bonne fortune, et que vous ne lui ferez point de peine.

ARLEQUIN

De la peine ? Ah ! le pauvre homme ! Peut-être que je serai un petit brin insolent, à cause que je suis le maître : voilà tout.

TRIVELIN

À cause que je suis le maître : Vous avez raison.

ARLEQUIN

Oui, car quand on est le maître, on y va tout rondement, sans façon ; et si peu de façon mène quelquefois un honnête homme à des impertinences.

TRIVELIN

Oh ! n'importe, je vois bien que vous n'êtes point méchant.

1. *Hé*, et non *eh* : voir le début de la scène 2.

ARLEQUIN

Hélas ! je ne suis que * mutin.

TRIVELIN, à *Iphicrate*.

Ne vous épouvantez point de ce que je vais dire. (*À Arlequin.*) Instruisez-moi d'une chose : comment se * gouvernait-il là-bas, avait-il quelque défaut d'humeur, de caractère ?

ARLEQUIN, *riant*.

Ah ! mon camarade, vous avez de la malice, vous demandez la comédie.

TRIVELIN

Ce caractère-là est donc bien plaisant ?

ARLEQUIN

Ma foi, c'est une farce.

TRIVELIN

N'importe, nous en rirons.

ARLEQUIN, à *Iphicrate*.

Arlequin, me promets-tu d'en rire aussi ?

IPHICRATE, *bas*.

Veux-tu achever de me désespérer ? que vas-tu lui dire ?

ARLEQUIN

Laisse-moi faire ; quand je t'aurai offensé, je te demanderai pardon après.

TRIVELIN

Il ne s'agit que d'une bagatelle ; j'en ai demandé autant à la jeune fille que vous avez vue, sur le chapitre de sa maîtresse.

ARLEQUIN.

Eh bien, tout ce qu'elle vous a dit, c'était des folies qui faisaient pitié, des misères ; gageons ?

TRIVELIN

Cela est encore vrai.

ARLEQUIN

Eh bien, je vous en offre autant, ce pauvre jeune garçon n'en fournira pas davantage ; extravagance et misère, voilà son paquet : n'est-ce pas là de belles guenilles pour les étaler ? * Étourdi par nature, étourdi par singerie, parce que les femmes les aiment comme cela ; un dissipe-tout ; * vilain quand il faut être libéral, libéral quand il faut être vilain ; bon emprunteur, mauvais payeur ; honteux d'être sage, glorieux d'être fou ; un petit brin moqueur des bonnes gens ; un petit brin hâbleur ; avec tout plein de maîtresses qu'il ne connaît pas : voilà mon homme. Est-ce la peine d'en tirer le portrait ? (*À Iphicrate.*) Non, je n'en ferai rien, mon ami, ne crains rien.

TRIVELIN

Cette ébauche me suffit. (*À Iphicrate.*) Vous n'avez plus maintenant qu'à certifier pour véritable ce qu'il vient de dire.

IPHICRATE

Moi ?

TRIVELIN

Vous-même. La dame de tantôt en a fait autant ; elle

vous dira ce qui l'y a déterminée. Croyez-moi, il y va du plus grand bien que vous puissiez souhaiter.

IPHICRATE

Du plus grand bien? Si cela est, il y a là quelque chose qui pourrait assez me convenir d'une certaine façon.

ARLEQUIN

Prends tout, c'est un habit fait sur ta taille.

TRIVELIN

Il me faut tout ou rien.

IPHICRATE

Voulez-vous que je m'avoue un * ridicule?

ARLEQUIN

Qu'importe, quand on l'a été.

TRIVELIN

N'avez-vous que cela à me dire?

IPHICRATE

Va donc pour la moitié, pour me tirer d'affaire.

TRIVELIN

Va du tout.

IPHICRATE

Soit. (*Arlequin rit de toute sa force.*)

TRIVELIN

Vous avez fort bien fait, vous n'y perdrez rien. Adieu, vous saurez bientôt de mes nouvelles.

SCÈNE VI

CLÉANTHIS, IPHICRATE, ARLEQUIN, EUPHROSINE

CLÉANTHIS

Seigneur Iphicrate, peut-on vous demander de quoi vous riez ?

ARLEQUIN

Je ris de mon Arlequin qui a confessé qu'il était un * ridicule.

CLÉANTHIS

Cela me surprend, car il a la mine d'un homme raisonnable. Si vous voulez voir une coquette de son propre aveu, regardez ma suivante.

ARLEQUIN, *la regardant.*

Malepeste, quand ce visage-là fait le fripon, c'est bien son métier. Mais parlons d'autres choses, ma belle damoiselle : qu'est-ce que nous ferons à cette heure que nous sommes * gaillards ?

CLÉANTHIS

Eh ! mais la belle conversation !

ARLEQUIN

Je crains que cela ne vous fasse bâiller, j'en bâille déjà. Si je devenais amoureux de vous, cela amuserait davantage.

CLÉANTHIS

Eh bien, faites. Soupirez pour moi, poursuivez mon cœur, prenez-le si vous pouvez, je ne vous en empêche

pas ; c'est à vous à faire vos *diligences, me voilà, je
vous attends : mais traitons l'amour à la grande
manière ; puisque nous sommes devenus maîtres,
allons-y *poliment, et comme le grand monde.

Arlequin

Oui-da, nous n'en irons que meilleur train.

Cléanthis

Je suis d'avis d'une chose, que nous disions qu'on
nous apporte des sièges pour prendre l'air assis [1] et
pour écouter les discours galants que vous m'allez
tenir : il faut bien jouir de notre état, en goûter le
plaisir.

Arlequin

Votre volonté vaut une ordonnance. (À *Iphicrate*.)
Arlequin, vite des sièges pour moi, et des fauteuils
pour Madame.

Iphicrate

Peux-tu m'employer à cela ?

Arlequin.

La République le veut.

Cléanthis

Tenez, tenez, promenons-nous plutôt de cette
manière-là, et tout en conversant vous ferez adroitement tomber l'entretien sur le penchant que mes yeux
vous ont inspiré pour moi. Car encore une fois nous
sommes d' *honnêtes gens à cette heure ; il faut
songer à cela, il n'est plus question de familiarité

---

1. L'air assis : pour prendre l'air en étant assis. Mais aussi : pour
avoir l'air assis des maîtres !

domestique. Allons, procédons noblement, n'épargnez ni compliments, ni révérences.

ARLEQUIN

Et vous, n'épargnez point les mines. Courage!
quand ce ne serait que pour nous moquer de nos
patrons. Garderons-nous nos gens?

CLÉANTHIS

Sans difficulté: pouvons-nous être sans eux? c'est
notre suite; qu'ils s'éloignent seulement.

ARLEQUIN, *à Iphicrate.*

Qu'on se retire à dix pas!

*Iphicrate et Euphrosine s'éloignent en faisant des gestes
d'étonnement et de douleur. Cléanthis regarde aller Iphicrate, et Arlequin Euphrosine.*

ARLEQUIN, *se promenant sur le théâtre avec Cléanthis.*

Remarquez-vous, Madame, la clarté du jour?

CLÉANTHIS

Il fait le plus beau temps du monde; on appelle cela
un jour tendre.

ARLEQUIN

Un jour tendre? Je ressemble donc au jour,
Madame.

CLÉANTHIS

Comment, vous lui ressemblez?

ARLEQUIN

Eh palsambleu! le moyen de n'être pas tendre,
quand on se trouve tête à tête avec vos grâces? (*À ce
mot il saute de joie.*) Oh! oh! oh! oh!

CLÉANTHIS

Qu'avez-vous donc, vous défigurez notre conversation ?

ARLEQUIN

Oh ! ce n'est rien, c'est que je m'applaudis.

CLÉANTHIS

Rayez ces applaudissements, ils nous dérangent. (*Continuant.*) Je savais bien que mes grâces entreraient pour quelque chose ici. Monsieur, vous êtes galant, vous vous promenez avec moi, vous me dites des douceurs ; mais finissons, en voilà assez, je vous dispense des compliments.

ARLEQUIN

Et moi, je vous remercie de vos dispenses.

CLÉANTHIS

Vous m'allez dire que vous m'aimez, je le vois bien ; dites, Monsieur, dites, heureusement on n'en croira rien ; vous êtes aimable, mais * coquet, et vous ne persuaderez pas.

ARLEQUIN, *l'arrêtant par le bras, et se mettant à genoux.*

Faut-il m'agenouiller, Madame, pour vous convaincre de mes flammes, et de la sincérité de mes feux ?

CLÉANTHIS

Mais ceci devient sérieux. Laissez-moi, je ne veux point d' * affaire ; levez-vous. Quelle vivacité ! Faut-il vous dire qu'on vous aime ? Ne peut-on en être quitte à moins ? Cela est étrange !

ARLEQUIN, *riant à genoux.*

Ah ! ah ! ah ! que cela va bien ! Nous sommes aussi bouffons que nos patrons ; mais nous sommes plus sages.

CLÉANTHIS

Oh ! vous riez, vous gâtez tout.

ARLEQUIN

Ah ! ah ! par ma foi, vous êtes bien aimable, et moi aussi. Savez-vous bien ce que je pense ?

CLÉANTHIS

Quoi ?

ARLEQUIN

Premièrement, vous ne m'aimez pas, sinon par coquetterie, comme le grand monde.

CLÉANTHIS

Pas encore, mais, il ne s'en fallait plus que d'un mot, quand vous m'avez interrompue. Et vous, m'aimez-vous ?

ARLEQUIN

J'y allais aussi quand il m'est venu une pensée. Comment trouvez-vous mon Arlequin ?

CLÉANTHIS

Fort à mon gré. Mais que dites-vous de ma suivante ?

ARLEQUIN

Qu'elle est friponne !

CLÉANTHIS

J'entrevois votre pensée.

ARLEQUIN

Voilà ce que c'est : tombez amoureuse d'Arlequin, et moi de votre suivante ; nous sommes assez forts pour * soutenir cela.

CLÉANTHIS

Cette imagination-là me rit assez ; ils ne sauraient mieux faire que de nous aimer, dans le fond.

ARLEQUIN

Ils n'ont jamais rien aimé de si raisonnable, et nous sommes d'excellents partis pour eux.

CLÉANTHIS

Soit. Inspirez à Arlequin de s'attacher à moi, faites-lui sentir l'avantage qu'il y trouvera dans la situation où il est ; qu'il m'épouse, il sortira tout d'un coup d'esclavage ; cela est bien aisé, au bout du compte. Je n'étais ces jours passés qu'une esclave ; mais enfin me voilà dame et maîtresse d'aussi bon * jeu qu'une autre : je la suis par hasard ; n'est-ce pas le hasard qui fait tout ? qu'y a-t-il à dire à cela ? J'ai même un visage de * condition, tout le monde me l'a dit.

ARLEQUIN

Pardi ! je vous prendrais bien, moi, si je n'aimais pas votre suivante un petit brin plus que vous. Conseillez-lui aussi de l'amour pour ma petite personne, qui, comme vous voyez, n'est pas désagéable.

CLÉANTHIS

Vous allez être content ; je vais appeler Cléanthis, je n'ai qu'un mot à lui dire : éloignez-vous un instant, et revenez. Vous parlerez ensuite à Arlequin pour moi, car il faut qu'il commence ; mon sexe, la bienséance et ma dignité le veulent.

Arlequin

Oh ! ils le veulent si vous voulez, car dans le grand monde on n'est pas si façonnier ; et sans faire semblant de rien, vous pourriez lui jeter quelque petit mot bien clair à l'*aventure pour lui donner courage, à cause que vous êtes plus que lui, c'est l'ordre.

Cléanthis

C'est assez bien raisonner. Effectivement, dans le cas où je suis, il pourrait y avoir de la petitesse à m'assujettir à de certaines formalités qui ne me regardent plus ; je comprends cela à merveille, mais parlez-lui toujours, je vais dire un mot à Cléanthis ; tirez-vous à *quartier pour un moment.

Arlequin

Vantez mon mérite, prêtez-m'en un peu, à charge de revanche.

Cléanthis

Laissez-moi faire. (*Elle appelle Euphrosine.*) Cléanthis !

SCÈNE VII

Cléanthis et Euphrosine,
qui vient doucement.

Cléanthis

Approchez, et accoutumez-vous à aller plus vite, car je ne saurais attendre.

Euphrosine

De quoi s'agit-il ?

Cléanthis

Venez-çà, écoutez-moi : un honnête homme vient de me témoigner qu'il vous aime ; c'est Iphicrate.

Euphrosine

Lequel ?

Cléanthis

Lequel ? Y en a-t-il deux ici ? c'est celui qui vient de me quitter.

Euphrosine

Eh ! que veut-il que je fasse de son amour ?

Cléanthis

Eh ! qu'avez-vous fait de l'amour de ceux qui vous aimaient ? vous voilà bien étourdie : est-ce le mot d'amour qui vous effarouche ? Vous le connaissez tant cet amour ! vous n'avez jusqu'ici regardé les gens que pour leur en donner ; vos beaux yeux n'ont fait que cela, dédaignent-ils la conquête du seigneur Iphicrate ? Il ne vous fera pas de révérences penchées, vous ne lui trouverez point de contenance ridicule, d'air évaporé ; ce n'est point une tête légère, un petit badin, un petit perfide, un joli volage, un aimable indiscret ; ce n'est point tout cela : ces grâces-là lui manquent à la vérité ; ce n'est qu'un homme franc, qu'un homme simple dans ses manières, qui n'a pas * l'esprit de se donner des airs, qui vous dira qu'il vous aime seulement parce que cela sera vrai : enfin ce n'est qu'un bon cœur, voilà tout ; et cela est fâcheux, cela ne * pique point. Mais vous avez l'esprit raisonnable, je vous destine à lui, il fera votre fortune ici, et vous aurez la bonté d'estimer son amour, et vous y serez

sensible, entendez-vous ? vous vous conformerez à
mes intentions, je l'espère, imaginez-vous même que
je le veux.

EUPHROSINE

Où suis-je ! et quand cela finira-t-il ?

Elle rêve.

SCÈNE VIII

ARLEQUIN, EUPHROSINE

*Arlequin arrive en saluant Cléanthis qui sort. Il va tirer
Euphrosine par la manche.*

EUPHROSINE

Que me voulez-vous ?

ARLEQUIN, riant.

Eh ! eh ! eh ! ne vous a-t-on pas parlé de moi ?

EUPHROSINE

Laissez-moi, je vous prie.

EUPHROSINE

Eh là, là, regardez-moi dans l'œil pour deviner ma
pensée.

EUPHROSINE

Eh ! pensez ce qu'il vous plaira.

ARLEQUIN

M'entendez-vous un peu ?

EUPHROSINE

Non.

ARLEQUIN

C'est que je n'ai encore rien dit.

EUPHROSINE, *impatiente*.

Ahi !

ARLEQUIN

Ne mentez point ; on vous a communiqué les
sentiments de mon âme, rien n'est plus obligeant pour
vous.

EUPHROSINE

Quel état !

ARLEQUIN

Vous me trouvez un peu nigaud, n'est-il pas vrai ?
mais cela se passera ; c'est que je vous aime, et que je
ne sais comment vous le dire.

EUPHROSINE

Vous ?

ARLEQUIN

Eh pardi oui ; qu'est-ce qu'on peut faire de mieux ?
Vous êtes si belle, il faut bien vous donner son cœur,
aussi bien vous le prendriez de vous-même.

EUPHROSINE

Voici le comble de mon infortune.

ARLEQUIN, *lui regardant les mains*.

Quelles mains ravissantes ! les jolis petits doigts !
que je serais heureux avec cela ! mon petit cœur en
ferait bien son profit. Reine, je suis bien tendre, mais
vous ne voyez rien ; si vous aviez la charité d'être
tendre aussi, oh ! je deviendrais fou tout à fait.

EUPHROSINE

Tu ne l'es déjà que trop.

ARLEQUIN

Je ne le serai jamais tant que vous en êtes digne.

EUPHROSINE

Je ne suis digne que de pitié, mon enfant.

ARLEQUIN

Bon, bon, à qui est-ce que vous contez cela ? vous êtes digne de toutes les dignités imaginables : un empereur ne vous vaut pas, ni moi non plus : mais me voilà, moi, et un empereur n'y est pas : et un rien qu'on voit vaut mieux que quelque chose qu'on ne voit pas. Qu'en dites-vous ?

EUPHROSINE

Arlequin, il me semble que tu n'as point le cœur mauvais.

ARLEQUIN

Oh ! il ne s'en fait plus de cette pâte-là, je suis un mouton.

EUPHROSINE

Respecte donc le malheur que j'éprouve.

ARLEQUIN

Hélas ! je me mettrais à genoux devant lui.

EUPHROSINE

Ne persécute point une infortunée, parce que tu peux la persécuter impunément. Vois l'extrémité où je suis réduite ; et si tu n'as point d'égard au rang que je

tenais dans le monde, à ma naissance, à mon éducation, du moins que mes *disgrâces, que mon esclavage, que ma douleur t'attendrissent. Tu peux ici
m'outrager autant que tu le voudras ; je suis sans asile
et sans défense, je n'ai que mon désespoir pour tout
secours, j'ai besoin de la compassion de tout le monde,
de la tienne même, Arlequin ; voilà l'état où je suis, ne
le trouves-tu pas assez misérable ? tu es devenu libre et
heureux, cela doit-il te rendre méchant ? Je n'ai pas la
force de t'en dire davantage ; je ne t'ai jamais fait de
mal, n'ajoute rien à celui que je souffre.

ARLEQUIN, *abattu, les bras abaissés, et comme immobile.*

J'ai perdu la parole.

SCÈNE IX

IPHICRATE, ARLEQUIN

IPHICRATE

Cléanthis m'a dit que tu voulais t'entretenir avec
moi ; que me veux-tu ? as-tu encore quelques nouvelles insultes à me faire ?

ARLEQUIN

Autre personnage qui va me demander encore ma
compassion. Je n'ai rien à te dire, mon ami, sinon que
je voulais te faire commandement d'aimer la nouvelle
Euphrosine : voilà tout. À qui diantre en as-tu ?

IPHICRATE

Peux-tu me le demander, Arlequin ?

ARLEQUIN

Eh pardi oui je le peux, puisque je le fais.

IPHICRATE

On m'avait promis que mon esclavage finirait bientôt, mais on me trompe, et c'en est fait. Je succombe ; je me meurs, Arlequin, et tu perdras bientôt ce malheureux maître qui ne te croyait pas capable des indignités qu'il a souffertes de toi.

ARLEQUIN

Ah ! il ne nous manquait plus que cela, et nos amours auront bonne mine. Écoute, je te défends de mourir par malice ; par maladie, passe, je te le permets.

IPHICRATE

Les dieux te puniront, Arlequin.

ARLEQUIN

Eh ! de quoi veux-tu qu'ils me punissent ? d'avoir eu du mal toute ma vie ?

IPHICRATE

De ton audace et de tes mépris envers ton maître : rien ne m'a été si sensible, je l'avoue. Tu es né, tu as été élevé avec moi dans la maison de mon père, le tien y est encore ; il t'avait recommandé ton devoir en partant ; moi-même, je t'avais choisi par un sentiment d'amitié pour m'accompagner dans mon voyage ; je croyais que tu m'aimais, et cela m'attachait à toi.

ARLEQUIN

Eh ! qui est-ce qui te dit que je ne t'aime plus ?

IPHICRATE

Tu m'aimes, et tu me fais mille injures !

ARLEQUIN

Parce que je me moque un petit brin de toi, cela empêche-t-il que je t'aime ? Tu disais bien que tu m'aimais, toi, quand tu me faisais battre ; est-ce que les *étrivières sont plus *honnêtes que les moqueries ?

IPHICRATE

Je conviens que j'ai pu quelquefois te maltraiter sans trop de sujet.

ARLEQUIN

C'est la vérité.

IPHICRATE

Mais par combien de bontés n'ai-je pas réparé cela !

ARLEQUIN

Cela n'est pas de ma connaissance.

IPHICRATE

D'ailleurs, ne fallait-il pas te corriger de tes défauts ?

ARLEQUIN

J'ai plus *pâti des tiens que des miens : mes plus grands défauts, c'était ta mauvaise humeur, ton autorité, et le peu de cas que tu faisais de ton pauvre esclave.

IPHICRATE

Va, tu n'es qu'un ingrat ; au lieu de me secourir ici, de partager mon affliction, de montrer à tes camarades l'exemple d'un attachement qui les eût touchés, qui les eût engagés peut-être à renoncer à leur coutume ou à m'en affranchir, et qui m'eût pénétré moi-même de la plus vive reconnaissance.

ARLEQUIN

Tu as raison, mon ami, tu me remontres bien mon devoir ici pour toi, mais tu n'as jamais su le tien pour moi, quand nous étions dans Athènes. Tu veux que je partage ton affliction, et jamais tu n'as partagé la mienne. Eh bien va, je dois avoir le cœur meilleur que toi, car il y a plus longtemps que je souffre, et que je sais ce que c'est que de la peine ; tu m'as battu par amitié, puisque tu le dis, je te le pardonne ; je t'ai raillé par bonne humeur, prends-le en bonne part, et fais-en ton profit. Je parlerai en ta faveur à mes camarades, je les prierai de te renvoyer ; et s'ils ne le veulent pas, je te garderai comme mon ami ; car je ne te ressemble pas, moi, je n'aurais point le courage d'être heureux à tes dépens.

IPHICRATE, *s'approchant d'Arlequin.*

Mon cher Arlequin ! Fasse le ciel, après ce que je viens d'entendre, que j'aie la joie de te montrer un jour les sentiments que tu me donnes pour toi ! Va, mon cher enfant, oublie que tu fus mon esclave, et je me ressouviendrai toujours que je ne méritais pas d'être ton maître.

ARLEQUIN

Ne dites donc point comme cela, mon cher patron ; si j'avais été votre pareil, je n'aurais peut-être pas mieux valu que vous. C'est à moi à vous demander pardon du mauvais service que je vous ai toujours rendu. Quand vous n'étiez pas raisonnable, c'était ma faute.

IPHICRATE, *l'embrassant.*

Ta générosité me couvre de confusion.

ARLEQUIN

Mon pauvre patron, qu'il y a de plaisir à bien faire !
(*Après quoi il déshabille son maître.*)

IPHICRATE

Que fais-tu, mon cher ami ?

ARLEQUIN

Rendez-moi mon habit, et reprenez le vôtre, je ne suis pas digne de le porter.

IPHICRATE

Je ne saurais retenir mes larmes ! Fais ce que tu voudras.

SCÈNE X

CLÉANTHIS, EUPHROSINE, IPHICRATE, ARLEQUIN

CLÉANTHIS

Laissez-moi, je n'ai que faire de vous entendre gémir. (*Et plus près d'Arlequin.*) Qu'est-ce que cela signifie, seigneur Iphicrate ? pourquoi avez-vous repris votre habit ?

ARLEQUIN, *tendrement.*

C'est qu'il est trop petit pour mon cher ami, et que le sien est trop grand pour moi. (*Il embrasse les genoux de son maître.*)

CLÉANTHIS

Expliquez-moi donc ce que je vois ; il semble que vous lui demandiez pardon ?

ARLEQUIN

C'est pour me châtier de mes insolences.

CLÉANTHIS

Mais enfin, notre projet ?

ARLEQUIN

Mais enfin, je veux être un homme de bien ; n'est-ce pas là un beau projet ? Je me repens de mes sottises, lui des siennes ; repentez-vous des vôtres, Madame Euphrosine se repentira aussi ; et vive l'honneur après ! cela fera quatre beaux repentirs, qui nous feront pleurer tant que nous voudrons.

EUPHROSINE

Ah ! ma chère Cléanthis, quel exemple pour vous !

IPHICRATE

Dites plutôt : quel exemple pour nous, Madame, vous m'en voyez pénétré.

CLÉANTHIS

Ah ! vraiment, nous y voilà, avec vos beaux exemples. Voilà de nos gens qui nous méprisent dans le monde, qui font les fiers, qui nous maltraitent, qui nous regardent comme des vers de terre, et puis, qui sont trop heureux dans l'occasion de nous trouver cent fois plus honnêtes gens qu'eux. Fi ! que cela est vilain, de n'avoir eu pour tout mérite que de l'or, de l'argent et des dignités : c'était bien la peine de faire tant les *glorieux ! Où en seriez-vous aujourd'hui, si nous n'avions pas d'autre mérite que cela pour vous ? Voyons, ne seriez-vous pas bien attrapés ? Il s'agit de vous pardonner ; et pour avoir cette bonté-là, que faut-il être, s'il vous plaît ? Riche ? non ; noble ? non ; grand seigneur ? point du tout. Vous étiez tout cela, en valiez-vous mieux ? Et que faut-il être donc ? Ah ! nous y voici. Il faut avoir le cœur bon, de la vertu et de la raison ; voilà ce qu'il faut, voilà ce qui est estimable, ce qui distingue, ce qui fait qu'un homme est plus qu'un autre. Entendez-vous, Messieurs les *honnêtes gens du monde ? Voilà avec quoi l'on donne les beaux exemples que vous demandez, et qui vous *passent. Et à qui les demandez-vous ? À de pauvres gens que

vous avez toujours offensés, maltraités, accablés, tout
riches que vous êtes, et qui ont aujourd'hui pitié de
vous, tout pauvres qu'ils sont. Estimez-vous à cette
heure, faites les *superbes, vous aurez bonne grâce.
Allez, vous devriez rougir de honte !

ARLEQUIN

Allons, ma mie, soyons bonnes gens sans le reprocher, faisons du bien sans dire d'injures. Ils sont
contrits d'avoir été méchants, cela fait qu'ils nous
valent bien ; car quand on se repent, on est bon ; et
quand on est bon, on est aussi avancé que nous.
Approchez, Madame Euphrosine, elle vous pardonne,
voici qu'elle pleure, la rancune s'en va et votre affaire
est faite.

CLÉANTHIS

Il est vrai que je pleure, ce n'est pas le bon cœur qui
me manque.

EUPHROSINE, *tristement*.

Ma chère Cléanthis, j'ai abusé de l'autorité que
j'avais sur toi, je l'avoue.

CLÉANTHIS

Hélas ! comment en aviez-vous le courage ? Mais
voilà qui est fait, je veux bien oublier tout, faites
comme vous voudrez. Si vous m'avez fait souffrir, tant
pis pour vous, je ne veux pas avoir à me reprocher la
même chose, je vous rends la liberté ; et s'il y avait un
vaisseau, je partirais tout à l'heure avec vous : voilà
tout le mal que je vous veux ; si vous m'en faites
encore, ce ne sera pas ma faute.

ARLEQUIN, *pleurant*.

Ah ! la brave fille ! ah ! le charitable naturel !

IPHICRATE

Êtes-vous contente, Madame ?

EUPHROSINE, *avec attendrissement.*

Viens, que je t'embrasse, ma chère Cléanthis.

ARLEQUIN, *à Cléanthis.*

Mettez-vous à genoux pour être encore meilleure qu'elle.

EUPHROSINE

La reconnaissance me laisse à peine la force de te répondre. Ne parle plus de ton esclavage, et ne songe plus désormais qu'à partager avec moi tous les biens que les dieux m'ont donné[1], si nous retournons à Athènes.

SCÈNE XI

TRIVELIN *et les acteurs précédents.*

TRIVELIN

Que vois-je ? vous pleurez, mes enfants, vous vous embrassez !

ARLEQUIN

Ah ! vous ne voyez rien, nous sommes admirables ; nous sommes des rois et des reines. En fin finale, la paix est conclue, la vertu a arrangé tout cela ; il ne nous faut plus qu'un bateau et un batelier pour nous

1. Voir la note p. 161. On n'inférera évidemment pas de ces bonnes résolutions un communisme de Marivaux, malgré ses condamnations énergiques de l'inégalité excessive des fortunes et des conditions : il s'agit d'un trait canonique du genre utopique de l'époque classique.

en aller; et si vous nous les donnez, vous serez presque aussi honnêtes gens que nous.

TRIVELIN

Et vous, Cléanthis, êtes-vous du même sentiment?

CLÉANTHIS, *baisant la main de sa maîtresse.*

Je n'ai que faire de vous en dire davantage, vous voyez ce qu'il en est.

ARLEQUIN, *prenant aussi la main de son maître pour la baiser.*

Voilà aussi mon dernier mot, qui vaut bien des paroles.

TRIVELIN

Vous me charmez. Embrassez-moi aussi, mes chers enfants, c'est là ce que j'attendais; si cela n'était pas arrivé, nous aurions puni vos vengeances comme nous avons puni leurs duretés. Et vous Iphicrate, vous Euphrosine, je vous vois attendris; je n'ai rien à ajouter aux leçons que vous donne cette aventure; vous avez été leurs maîtres, et vous en avez mal agi; ils sont devenus les vôtres, et ils vous pardonnent; faites vos réflexions là-dessus. La différence des conditions n'est qu'une épreuve que les dieux font sur nous : je ne vous en dis pas davantage. Vous partirez dans deux jours, et vous reverrez Athènes. Que la joie à présent, et que mes plaisirs succèdent aux chagrins que vous avez sentis, et célèbrent le jour de votre vie le plus profitable [1].

---

1. Cette phrase annonce un divertissement dansé et chanté où, selon *Le Mercure*, « des esclaves se réjouissent de ce qu'on a brisé leurs chaînes », divertissement typique du Théâtre-Italien, dont F. Deloffre (édition citée) a retrouvé deux fragments.
Air pour les esclaves :

> « Quand un homme est fier de son rang
> Et qu'il me vante sa naissance,

> Je ris de notre impertinence,
> Qui de ce nain fait un géant.
> Mais a-t-il l'âme respectable,
> Est-il né tendre et généreux,
> Je voudrais forger une fable
> Qui le fît descendre des cieux.
> Je voudrais... (*bis*) »

Vaudeville :

> « Point de liberté dans la vie ;
> Quand le plaisir veut nous guider,
> Tout aussitôt la raison crie.
> Moi, ne pouvant les accorder,
> Je n'en fais qu'à ma fantaisie. »

Le titre indique assez qu'il s'agit d'une fable de la séduction. Mais la structure de la pièce, centrée sur un personnage omniprésent et fabulateur, est si exceptionnelle qu'elle invite d'abord à des considérations formelles.

L'art du montage

Peut-on, dans cette construction en courbe (un grand deuxième acte encadré par un premier moins long et un troisième expédié à toute allure), déceler une ou plusieurs logiques de succession des scènes ? Si l'on considère le peuplement de la scène, on constate, entre le début de l'acte I et la fin du troisième, une logique du resserrement, de l'isolement, de la relation duelle et quasi obsessionnelle à l'intrus énigmatique dont les discours provoquent trouble, désir, solitude. Les personnages s'évitent, se fuient, se surveillent, ne peuvent plus pratiquer les relations normales d'un univers homogène. Il y aurait donc généralisation d'un modèle qui se dessine dès l'acte I : après le remplissage progressif de la scène (I, 1-5), la dissociation, l'isolement, la fascination de la relation duelle (I, 6 et 8) autour d'un secret non partageable. De sorte qu'un des moyens de pression les plus efficaces pour obliger un interlocuteur à faire ce qu'il prétend ne pas vouloir faire, c'est de le menacer de remplir la scène, d'élargir le dialogue (de socialiser l'échange). Ce qui revient à dire que l'*énonciation* joue un rôle décisif dans la stucturation de la pièce (droit de parler, de couper court...)

L'ordre d'entrée en scène relève aussi d'un travail raffiné. A l'acte I, Phocion rencontre successivement tous les personnages, selon un ordre de difficulté croissante (dynamisme ascendant de l'obstacle, qui est le schéma de base du système de la pièce). L'acte II reconduit ce schéma (sc. 1 à 7), mais le module savamment (effet de retardement : sc. 8-9-10 ; effet de redoublement : sc. 3 et 11 entre Agis et Phocion, etc.), pour donner son maximum de relief à l'affrontement d'Hermocrate et de Phocion. Pour jouer aussi sur les symétries, sur les attentes, sur les inversions. Comparons I,5-6 ; I,7-8 avec II,5/6-7 ; II,12/13-14. Dans l'acte I, on passe de la scène de groupe au tête-à-tête ; dans l'acte II, du tête-à-tête à l'intrusion : mais il n'y a plus contradiction entre le duo et la position publique, les intervenants arrachent ce que le tête-à-tête n'a pu entièrement gagner. Loin de dissimuler les symétries formelles qui modèlent l'attente du spectateur, Marivaux les manipule d'une main experte : plaisir des détours et retours de formes, redondances, inversions, harmonies...

Mais qu'inventer pour l'acte III ? Jusqu'ici, pour séduire Agis, Phocion devait gagner le droit de lui parler, et donc séduire ses tuteurs. Chose faite à la fin de l'acte II : plus d'obstacles, plus de scènes. C'est là que Marivaux nous attend : l'obstacle qui va permettre d'écrire l'acte, sinon de le faire durer très longtemps, c'est la difficulté d'un tête-à-tête entre Agis et Phocion, née du triomphe même de la séduction qui devait y conduire ! Dans les actes I et II, Léontine et Hermocrate étaient des obstacles parce qu'ils se dérobaient au dialogue : ils le sont maintenant parce qu'ils veulent trop parler ! Le nouvel ordre de succession des scènes obéit donc à une nécessité logique, où le volume du texte va de pair avec l'importance de l'obstacle, puisque l'obstacle, c'est précisément le temps de la parole vaine ! Ce qui dynamise l'acte, c'est une structure paradoxale, mais comiquement inépuisable : la parole qui empêche la parole (ô Alceste !).

Le sexe et la gloire

Le Triomphe de l'amour repose sur une gageure évidente dont rêvent tous les acteurs : un rôle qui écrase tous les autres, une occupation frénétique de la scène : la moitié du texte dans l'acte I, le tiers dans les deux suivants ! Gageure d'autant plus forte que les masques de Léonide l'engagent tous dans un seul et même rapport : de séduction. En face d'elle, un contrepoids de cinq personnages : trois maîtres, deux valets. Marivaux vise manifestement un effet d'équilibre (entre valets, entre Léontine et Agis, Hermocrate conservant une nette primauté dynamique) et un effet de redoublement (deux valets, deux philosophes) générateur de variations : Léontine ne fait jeu égal avec son frère que dans l'acte I ; Arlequin domine en I, Dimas en II, et ils s'équilibrent en III ; Agis, dernier en I, arrive en tête en II, et égale Léontine en III, où il participe aux sept dernières scènes (inscription scénique de son émancipation...).

Trois femmes, quatre hommes : vain dénombrement, puisque les masques installent des transgressions majeures et nombreuses, dont on sait qu'elles fascinaient le siècle et qu'elles sont une des raisons d'être du théâtre. Amours interdites, amours scabreuses, refus du sexe, sentiments ambivalents : le sexe est une composante fondamentale de la pièce, et le travestissement son support. Reste que ce nombre impair suppose un blocage, que le triomphe de l'amour fait déboucher sur un vide saisissant. Léontine est censée perdre son désir sans tracas, Hermocrate est invité à prendre son cœur dans... les mains de sa raison (III,11), et les valets sans doute à mettre leur cœur dans les mains de leur argent ! L'amour est ici un char qui écrase tout sur son passage. A moins qu'Hermidas et Arlequin ne décident de partir main dans la main... (cette décision relève des choix de mise en scène, car le texte s'en lave les mains).

Au service de l'impitoyable désir, les prestiges de la parole, les attraits de la corruption, la sécurité de la force : l'amour flirte avec la politique qu'il prolonge par d'autres moyens. Mais *Le Triomphe* renoue avec *La Double inconstance* plutôt qu'avec *Le Prince travesti*, car Marivaux y renonce pratiquement à toute réécriture héroïque.

La tentation de l'héroïque accompagne l'épanouissement du tragique (voir Corneille, *Don Sanche d'Aragon*, 1649), et l'on sait combien les grands romans aristocratiques du XVIIe siècle ont fasciné le jeune Marivaux. Cette réécriture du tragique devient une ambition radicale avec le drame bourgeois, qui vise à substituer à la tragédie aristocratique l'héroïsme bourgeois fondé sur des conflits pathétiques d'ordre privé : excluant donc les Grands, la Cour et la politique. Il s'agit alors d'héroïser la comédie, ou de dépolitiser la tragédie. Mais cette voie est barrée à Marivaux, par son indécision idéologique sur les valeurs aristocratiques et bourgeoises, par sa réticence fondamentale à l'égard de la tentation héroïque, par son esthétique non illusionniste et anti-pathétique.

Du *Prince travesti* au *Triomphe*, on constate en effet une chute irrécusable du potentiel héroïque (personnages, valeurs, schèmes dramatiques). L'héroïsme y est privé de son espace vital, car il suppose des enjeux politiques clairs et des valeurs aristocratiques (bravoure, fierté, émulation, etc.) : il n'apparaît plus que comme un vestige, le décor d'une fable fondée sur les rapports de la séduction et de la politique. Il n'est ni parodié par un héroïsme comique, ni remplacé par un héroïsme bourgeois : il se dissout dans le code spécifiquement marivaudien de la *séduction*. *Le Triomphe de l'amour* est donc la contre-épreuve décisive du *Prince travesti* : si Marivaux a été incontestablement tenté par une réécriture de l'héroïque (couplé au comique et à la tradition italienne), il ne peut pas lui redonner vie, ni le tourner vers le drame diderotien, car c'est le cœur même de l'héroïsme qui lui pose problème.

Les chiffres dont nous disposons ne vont pas tout à fait dans le sens de l'*Avertissement*, puisque la première représentation, le 12 mars 1732, attira, chiffre fort honorable, 598 spectateurs, puis 200, 404, 230, 272, et enfin 137 lors d'une reprise en juillet qui mit fin à sa carrière. Il est possible, mais non prouvé, que la pièce ait mieux répondu au goût de la Cour, bien que *Le Mercure de France* estime « que cette intrigue aurait mieux convenu à une simple bourgeoise qu'à une princesse de Sparte ».

Le Triomphe de l'amour disparaît donc, après six représentations, pendant cent quatre-vingts ans, jusqu'à la réhabilitation de Xavier de Courville (1912). Jean Vilar en fait une mise en scène mémorable au Palais de Chaillot, avec Maria Casarès dans le rôle de Léonide, en 1955. Le texte de présentation de Jean Vilar, qui fait date, a été republié dans *Théâtre en Europe*, n° 6, avril 1985, p. 53 : « Les jeux du cœur, on le sait bien, sont toujours cruels. Il est un " divin marquis " à sa façon. Il blesse et nous blesse. Sans pitié. Est-ce que Justine souffre plus ? Et pas une larme, me semble-t-il, ne brille en ce théâtre où tout pourtant est combat, désirs mortifiés, défaites absolues, amours violentes, insensées même [...] Songe d'une nuit d'été à la française [...] Tendre, Marivaux ? Allons donc. Cruel, implacable Marivaux. »

La Comédie-Française s'est décidée à adopter la pièce en 1978, mais il faut surtout signaler la mise en scène d'Antoine Vitez au Piccolo Teatro de Milan, en novembre 1985, dans une traduction en italien, tandis que Luc Bondy montait la pièce en allemand, le 5 mai 1985, à Berlin...

LE TRIOMPHE DE L'AMOUR

Comédie en trois actes et en prose
représentée pour la première fois
par les Comédiens Italiens
le 12 mars 1732

Acteurs [1]

LÉONIDE, Princesse de Sparte, sous le nom de PHOCION.

CORINE, suivante de Léonide, sous le nom d'HERMIDAS.

HERMOCRATE, philosophe.

LÉONTINE, sœur d'Hermocrate.

AGIS, fils de Cléomène.

DIMAS, jardinier d'Hermocrate.

ARLEQUIN, valet d'Hermocrate.

La scène est dans la maison d'Hermocrate.

---

1. Acteurs : personnages. Silvia jouait le rôle de Léonide.

Avertissement de l'auteur

Le sort de cette pièce-ci a été bizarre : je la sentais susceptible d'une chute totale ou d'un grand succès ; d'une chute totale, parce que le sujet en était singulier, et par conséquent courait risque d'être très mal reçu ; d'un grand succès, parce que je voyais, que, si le sujet était saisi, il pouvait faire beaucoup de plaisir. Je me suis trompé pourtant ; et rien de tout cela n'est arrivé. La pièce n'a eu, à proprement parler, ni chute, ni succès ; tout se réduit simplement à dire qu'elle n'a point plu. Je ne parle que de la première représentation ; car, après cela, elle a eu encore un autre sort : ce n'a plus été la même pièce, tant elle a fait de plaisir aux nouveaux spectateurs qui sont venus la voir ; ils étaient dans la dernière surprise de ce qui lui était arrivé d'abord. Je n'ose rapporter les éloges qu'ils en faisaient, et je n'exagère rien : le public est garant de ce que je dis là. Ce n'est pas là tout. Quatre jours après qu'elle a paru à Paris, on l'a jouée à la Cour. Il y a assurément de l'esprit et du goût dans ce pays-là ; et elle y plut encore au-delà de ce qu'il m'est permis de dire. Pourquoi donc n'a-t-elle pas été mieux reçue d'abord ? Pourquoi l'a-t-elle été si bien après ? Dirai-je que les premiers spectateurs s'y connaissent mieux que les derniers ? Non, cela ne serait pas raisonnable. Je conclus seulement, que cette différence d'opinion doit engager les uns et les autres à se méfier de leur jugement. Lorsque dans une affaire de goût, un homme d'esprit en trouve plusieurs autres qui ne sont pas de son sentiment, cela doit l'inquiéter, ce me semble, ou il a moins d'esprit qu'il ne pense ; et voilà précisément ce qui se passe à l'égard de cette pièce. Je veux croire que ceux qui l'ont trouvée si bonne se trompent peut-être ; et assurément c'est être bien modeste ; d'autant plus qu'il s'en faut beaucoup que je la trouve mauvaise ; mais je crois aussi que ceux qui la désapprouvent, peuvent avoir tort. Et je demande qu'on la lise avec attention, et sans égard à ce que l'on en a pensé d'abord, afin qu'on la juge équitablement.

ACTE PREMIER

SCÈNE PREMIÈRE

Léonide *sous le nom de* Phocion,
Corine *sous le nom d'*Hermidas

Phocion

Nous voici, je pense, dans les jardins du philosophe Hermocrate.

Hermidas

Mais, Madame, ne trouvera-t-on pas mauvais que nous soyons entrées si hardiment ici, nous qui n'y connaissons personne ?

Phocion

Non, tout est ouvert ; et d'ailleurs nous venons pour parler au maître de la maison : restons dans cette allée en nous promenant, j'aurai le temps de te dire ce qu'il faut à présent que tu saches.

Hermidas

Ah ! il y a longtemps que je n'ai respiré si à mon aise ! Mais, Princesse, faites-moi la grâce tout entière ;

si vous voulez me donner un régal bien complet, laissez-moi le plaisir de vous interroger moi-même à ma fantaisie.

PHOCION

Comme tu voudras.

HERMIDAS

D'abord, vous quittez votre cour et la ville, et vous venez ici avec peu de suite, dans une de vos maisons de campagne où vous voulez que je vous suive.

PHOCION

Fort bien.

HERMIDAS

Et comme vous savez que, par amusement, j'ai appris à peindre, à peine y sommes-nous quatre ou cinq jours, que vous enfermant un matin avec moi, vous me montrez deux portraits, dont vous me demandez des copies en petit, et dont l'un est celui d'un homme de quarante-cinq ans, et l'autre, celui d'une femme d'environ trente-cinq, tous deux d'assez bonne mine.

PHOCION

Cela est vrai.

HERMIDAS

Laissez-moi dire : quand ces copies sont finies, vous faites courir le bruit que vous étiez indisposée, et qu'on ne vous voit pas ; ensuite, vous m'habillez en homme, vous en prenez l'attirail vous-même, et puis nous sortons incognito toutes deux dans cet équipage-là, vous avec le nom de Phocion, moi avec celui d'Hermidas que vous me donnez ; et après un quart d'heure de chemin nous voilà dans les jardins du

philosophe Hermocrate, avec la philosophie de qui je
ne crois pas que vous ayez rien à démêler.

PHOCION

Plus que tu ne penses.

HERMIDAS

Or, que veut dire cette feinte indisposition, ces
portraits copiés ? Qu'est-ce que c'est que cet homme et
cette femme qu'ils représentent ? Que signifie la
mascarade où nous sommes ? Que nous importent les
jardins d'Hermocrate ? Que voulez-vous faire de lui ?
Que voulez-vous faire de moi ? Où allons-nous ? Que
deviendrons-nous ? À quoi tout cela aboutira-t-il ? Je
ne saurais le savoir trop tôt, car je m'en meurs.

PHOCION

Écoute-moi avec attention. Tu sais par quelle
aventure je règne en ces lieux ; j'occupe une place
qu'autrefois Léonidas, frère de mon père, usurpa sur
Cléomène son souverain, parce que ce prince, dont il
commandait les armées, devint pendant son absence,
amoureux de sa maîtresse, et l'enleva. Léonidas outré
de douleur, et chéri des soldats, vint comme un
furieux attaquer Cléomène, le prit avec la Princesse
son épouse, et les enferma tous deux. Au bout de
quelques années, Cléomène mourut, aussi bien que la
Princesse son épouse, qui ne lui survécut que six mois,
et qui en mourant mit au monde un prince qui
disparut, et qu'on eut l'adresse de soustraire à Léonidas, qui n'en découvrit jamais la moindre trace, et qui
mourut enfin sans enfants, regretté du peuple qu'il
avait bien gouverné, et qui lui vit tranquillement
succéder son frère à qui je dois la naissance, et au rang
de qui j'ai succédé moi-même.

HERMIDAS

Oui ; mais tout cela ne dit encore rien de notre déguisement, ni des portraits dont j'ai fait la copie, et voilà ce que je veux savoir.

PHOCION

Doucement : ce prince qui reçut la vie dans la prison de sa mère, qu'une main inconnue enleva dès qu'il fut né, et dont Léonidas ni mon père n'ont jamais entendu parler, j'en ai des nouvelles moi.

HERMIDAS

Le ciel en soit loué ! vous l'aurez donc bientôt en votre pouvoir.

PHOCION

Point du tout ; c'est moi qui vais me remettre au sien.

HERMIDAS

Vous, Madame, vous n'en ferez rien, je vous jure ; je ne le souffrirai jamais : comment donc ?

PHOCION

Laisse-moi achever. Ce prince est depuis dix ans chez le sage Hermocrate qui l'a élevé, et à qui Euphrosine, parente de Cléomène, le confia, sept ou huit ans après qu'il fut sorti de prison ; et tout ce que je te dis là, je le sais d'un domestique, qui était il n'y a pas longtemps au service d'Hermocrate, et qui est venu m'en informer en secret dans l'espoir d'une récompense.

HERMIDAS

N'importe, il faut s'en assurer, Madame.

PHOCION

Ce n'est pourtant pas là le parti que j'ai pris ; un sentiment d'équité, et je ne sais quelle inspiration m'en ont fait prendre un autre. J'ai d'abord voulu voir Agis (c'est le nom du Prince). J'appris qu'Hermocrate et lui se promenaient tous les jours dans la forêt qui est à côté de mon château. Sur cette instruction, j'ai quitté, comme tu sais, la ville ; je suis venue ici, j'ai vu Agis dans cette forêt, à l'entrée de laquelle j'avais laissé ma suite. Le domestique qui m'y attendait, me montra ce Prince, lisant dans un endroit du bois assez épais. Jusque-là j'avais bien entendu parler de l'amour ; mais je n'en connaissais que le nom. Figure-toi, Corine, un assemblage de tout ce que les Grâces ont de noble et d'aimable ; à peine t'imagineras-tu les charmes, et de la figure, et de la physionomie d'Agis.

HERMIDAS

Ce que je commence à imaginer de plus clair, c'est que ces charmes-là pourraient bien avoir mis les nôtres en campagne.

PHOCION

J'oublie de te dire, que lorsque je me retirais, Hermocrate parut ; car ce domestique en se cachant, me dit que c'était lui, et ce philosophe s'arrêta pour me prier de lui dire, si la Princesse ne se promenait pas dans la forêt ; ce qui me marqua qu'il ne me connaissait point. Je lui répondis assez déconcertée, qu'on disait qu'elle y était, et je m'en retournai au château.

HERMIDAS

Voilà certes une aventure bien singulière.

PHOCION

Le parti que j'ai pris l'est encore davantage ; je n'ai feint d'être indisposée et de ne voir personne, que

pour être libre de venir ici ; je vais, sous le nom du
jeune Phocion qui voyage, me présenter à Hermocrate, comme attiré par l'estime de sa sagesse ; je le
prierai de me laisser passer quelque temps avec lui,
pour profiter de ses leçons : je tâcherai d'entretenir
Agis, et de disposer son cœur à mes fins. Je suis née
d'un sang qu'il doit haïr ; ainsi je lui cacherai mon
nom ; car de quelques charmes dont on me flatte, j'ai
besoin que l'amour, avant qu'il me connaisse, les
mette à l'abri de la haine qu'il a sans doute pour moi.

HERMIDAS

Oui ; mais, Madame, si sous votre habit d'homme,
Hermocrate allait reconnaître cette dame à qui il a
parlé dans la forêt. Vous jugez bien qu'il ne vous
gardera pas chez lui.

PHOCION

J'ai pourvu à tout, Corine, et s'il me reconnaît, tant
pis pour lui ; je lui garde un piège, dont j'espère que
toute sa sagesse ne le défendra pas. Je serai pourtant
fâchée qu'il me réduise à la nécessité de m'en servir ;
mais le but de mon entreprise est louable, c'est
l'amour et la justice qui m'inspirent. J'ai besoin de
deux ou trois entretiens avec Agis, tout ce que je fais
est pour les avoir : je n'en attends pas davantage, mais
il me les faut ; et si je ne puis les obtenir qu'aux dépens
du philosophe, je n'y saurais que faire.

HERMIDAS

Et cette sœur qui est avec lui, et dont apparemment
l'humeur doit être austère, consentira-t-elle au séjour
d'un étranger aussi jeune, et d'aussi bonne mine que
vous ?

PHOCION

Tant pis pour elle aussi, si elle me fait obstacle ; je
ne lui ferai pas plus de *quartier qu'à son frère.

Hermidas

Mais, Madame, il faudra que vous les trompiez tous deux ; car j'entends ce que vous voulez dire ; cet artifice-là ne vous choque-t-il pas ?

Phocion

Il me répugnerait, sans doute, malgré l'action louable qu'il a pour motif ; mais il me vengera d'Hermocrate et de sa sœur qui méritent que je les punisse ; qui depuis qu'Agis est avec eux, n'ont travaillé qu'à lui inspirer de l'aversion pour moi, qu'à me peindre sous les traits les plus odieux, et le tout sans me connaître, sans savoir le fond de mon âme, ni tout ce que le ciel a pu y verser de vertueux. C'est eux qui ont soulevé tous les ennemis qu'il m'a fallu combattre, qui m'en soulèvent encore de nouveaux. Voilà ce que le domestique m'a rapporté d'après l'entretien qu'il surprit. Eh ! d'où vient tout le mal qu'ils me font ? Est-ce parce que j'occupe un trône usurpé ? Mais ce n'est pas moi qui en suis l'usurpatrice. D'ailleurs, à qui l'aurais-je rendu ? Je n'en connaissais pas l'héritier légitime ; il n'a jamais paru, on le croit mort. Quel tort n'ont-ils donc pas ? Non, Corine, je n'ai point de scrupule à me faire. Surtout conserve bien la copie des deux portraits que tu as faits, qui sont d'Hermocrate et de sa sœur. A ton égard, conforme-toi à tout ce qui m'arrivera ; et j'aurai soin de t'instruire à mesure de tout ce qu'il faudra que tu saches.

SCÈNE II

ARLEQUIN *sans être vu d'abord*, PHOCION, HERMIDAS

Arlequin

Qu'est-ce que c'est que ces gens-là ?

HERMIDAS

Il y aura bien de l'ouvrage à tout ceci, Madame, et votre sexe...

ARLEQUIN, *les suprenant.*

Ha ha ! Madame, et puis votre sexe. Eh ! parlez donc, vous autres hommes, vous êtes donc des femmes ?

PHOCION

Juste ciel ! je suis au désespoir.

ARLEQUIN

Ho ho ! mes mignonnes, avant que de vous en aller, il faudra bien, s'il vous plaît, que nous comptions ensemble : je vous ai d'abord pris pour deux fripons, mais je vous fais réparation, vous êtes deux friponnes.

PHOCION

Tout est perdu, Corine !

HERMIDAS, *faisant signe à Phocion.*

Non, Madame, laissez-moi faire, et ne craignez rien. Tenez, la physionomie de ce garçon-là ne m'aura point trompée. Assurément il est traitable.

ARLEQUIN

Et par-dessus le marché, un honnête homme, qui n'a jamais laissé passer de contrebande ; ainsi vous êtes une marchandise que j'arrête : je vais faire fermer les portes.

HERMIDAS

Oh ! je t'en empêcherai bien, moi ; car tu serais le premier à te repentir du tort que tu nous ferais.

ARLEQUIN

Prouvez-moi mon repentir, et je vous lâche.

PHOCION, *donnant plusieurs pièces d'or à Arlequin.*

Tiens, mon ami, voilà déjà un commencement de preuves : ne serais-tu pas fâché d'avoir perdu cela ?

ARLEQUIN

Oui-da, il y a toute apparence ; car je suis bien aise de l'avoir.

HERMIDAS

As-tu encore envie de faire du bruit ?

ARLEQUIN

Je n'ai encore qu'un commencement d'envie de n'en plus faire.

HERMIDAS

Achevez de le déterminer, Madame.

PHOCION, *lui en donnant encore.*

Prends encore ceci. Es-tu content ?

ARLEQUIN

Oh ! voilà l'abrégé de ma mauvaise humeur. Mais de quoi s'agit-il, mes libérales dames ?

HERMIDAS

Tiens, d'une bagatelle : Madame a vu Agis dans la forêt, et n'a pu le voir sans lui donner son cœur.

ARLEQUIN

Cela est extrêmement * honnête !

HERMIDAS

Or, Madame qui est riche, qui ne dépend que d'elle, et qui l'épouserait volontiers, voudrait essayer de le rendre sensible.

ARLEQUIN

Encore plus honnête !

HERMIDAS

Madame ne saurait le rendre sensible qu'en liant quelque conversation avec lui, qu'en demeurant même quelque temps dans la maison où il est.

ARLEQUIN

Pour avoir toutes ses commodités.

HERMIDAS

Et cela ne se pourrait pas, si elle se présentait habillée suivant son sexe ; parce qu'Hermocrate ne le permettrait pas, et qu'Agis lui-même la fuirait, à cause de l'éducation qu'il a reçue du philosophe.

ARLEQUIN

Malpeste ! de l'amour dans cette maison-ci ? ce serait une mauvaise auberge pour lui ; la sagesse d'Agis, d'Hermocrate et de Léontine sont trois sagesses aussi inciviles pour l'amour qu'il y en ait dans le monde ; il n'y a que la mienne qui ait un peu de savoir-vivre.

PHOCION

Nous le savions bien.

HERMIDAS

Et voilà pourquoi Madame a pris le parti de se déguiser pour paraître : ainsi tu vois bien qu'il n'y a point de mal à tout cela.

ARLEQUIN

Eh ! pardi, il n'y a rien de si raisonnable. Madame a pris de l'amour en passant pour Agis ; eh bien ! qu'est-ce ? chacun prend ce qu'il peut : voilà bien de quoi ! Allez, gracieuses personnes, ayez bon courage ; je vous offre mes services. Vous avez perdu votre cœur, faites vos diligences pour en attraper un autre ; si on trouve le mien, je le donne.

PHOCION

Va, compte sur ma parole ; tu jouiras bientôt d'un sort qui ne te laissera envier celui de personne.

HERMIDAS

N'oublie pas dans le besoin que Madame s'appelle Phocion, et moi Hermidas.

PHOCION

Et surtout qu'Agis ne sache point qui nous sommes.

ARLEQUIN

Ne craignez rien, Seigneur Phocion, touchez là, camarade Hermidas : voilà comme je parle moi.

HERMIDAS

Paix ; voilà quelqu'un qui arrive.

SCÈNE III

HERMIDAS, PHOCION, ARLEQUIN, DIMAS, *jardinier.*

DIMAS

Avec qui est-ce donc qu'ou parlez là, noute ami ?

ARLEQUIN

Eh ! je parle avec du monde.

DIMAS

Eh ! *pargué je le vois bian ; mais qui est ce monde ? à qui en veut-il ?

PHOCION

Au seigneur Hermocrate.

DIMAS

Eh bian, ce n'est pas par ici qu'on entre : noute maître m'a *enchargé à ce que parsonne ne se promène dans le jardrin, par ainsi vous n'avez qu'à vous en retorner par où vous êtes venu, pour frapper à la porte du logis.

PHOCION

Nous avons trouvé celle du jardin ouverte ; il est permis à des étrangers de se méprendre.

DIMAS

Je ne leur baillons pas cette parmission-là, nous ; je n'entendons pas qu'on vianne comme ça sans dire gáre : ne tiant-il qu'à enfiler des portes ouvartes ? en a l'honnêteté d'appeler un jardinier ; en li demande le parvilège ; on a queuque bonne manière avec un homme, et pis la parmission s'enfile avec la porte.

ARLEQUIN

Doucement, notre ami, vous parlez à une personne riche et d'importance.

DIMAS

Voirement je le vois bian qu'alle est riche, pisqu'alle garde tout ; et moi je garde mon jardin, alle n'a qu'à prenre par ailleurs.

SCÈNE IV

AGIS, DIMAS,
HERMIDAS, PHOCION, ARLEQUIN

AGIS

Qu'est-ce que c'est donc que ce bruit-là, jardinier ;
contre qui criez-vous ?

DIMAS

Contre cette jeunesse qui viant apparemment
*mugueter nos espaliers.

PHOCION

Vous arrivez à propos, Seigneur, pour me débarras-
ser de lui. J'ai dessein de saluer le Seigneur Hermocrate, et de lui parler ; j'ai trouvé ce lieu-ci ouvert, et il
veut que j'en sorte.

AGIS

Allez, Dimas, vous avez tort, retirez-vous, et courez
avertir Léontine qu'un étranger de considération
souhaiterait parler à Hermocrate. Je vous demande
pardon, Seigneur, de l'accueil rustique de cet homme-
là : Hermocrate lui-même vous en fera ses excuses ; et
vous êtes d'une physionomie qui annonce les égards
qu'on vous doit.

ARLEQUIN

Oh ! pour ça ils font tous deux une belle paire de
visages.

PHOCION

Il est vrai, Seigneur, que ce jardinier m'a traité
brusquement ; mais vos politesses m'en dédomma-

gent ; et si ma physionomie dont vous parlez vous disposait à me vouloir du bien, je la croirais en effet la plus heureuse du monde ; et ce serait, à mon gré, un des plus grands services qu'elle pût me rendre.

AGIS

Il ne mérite pas que vous l'estimiez tant, mais tel qu'il est, elle vous l'a rendu, Seigneur ; et quoiqu'il n'y ait qu'un instant que nous nous connaissions, je vous assure qu'on ne saurait être aussi prévenu pour quelqu'un, que je le suis pour vous.

ARLEQUIN

Nous allons donc faire entre nous quatre jolis penchants.

HERMIDAS *s'écarte avec Arlequin.*

Promenons-nous pour parler du nôtre.

AGIS

Mais, Seigneur, puis-je vous demander pour qui mon amitié se déclare ?

PHOCION

Pour quelqu'un qui vous en jurerait volontiers une éternelle.

AGIS

Cela ne suffit pas ; je crains de faire un ami que je perdrai bientôt.

PHOCION

Il ne tiendra pas à moi que nous ne nous quittions jamais, Seigneur.

AGIS

Qu'avez-vous à exiger d'Hermocrate ? je lui dois mon éducation ; j'ose dire qu'il m'aime. Avez-vous besoin de lui ?

PHOCION

Sa réputation m'attirait ici : je ne voulais quand je suis venu, que l'engager à me souffrir quelque temps auprès de lui : mais depuis que je vous connais, ce motif le cède à un autre encore plus pressant ; c'est celui de vous voir le plus longtemps qu'il me sera possible.

AGIS

Et que devenez-vous après ?

PHOCION

Je n'en sais rien, vous en déciderez : je ne consulterai que vous.

AGIS

Je vous conseillerai de ne me perdre jamais de vue.

PHOCION

Sur ce * pied-là, nous serons donc toujours ensemble.

AGIS

Je le souhaite de tout mon cœur. Mais voici Léontine qui arrive.

ARLEQUIN, *à Hermidas.*

Notre maîtresse s'avance : elle a un maintien grave qui ne me plaît point du tout.

SCÈNE V

PHOCION, AGIS, HERMIDAS,
DIMAS, LÉONTINE, ARLEQUIN

DIMAS

Tenez, Madame, velà le damoisiau dont je vous parle, et cet autre étourniau est de son équipage.

LÉONTINE

On m'a dit, Seigneur, que vous demandiez à parler à Hermocrate mon frère ; il n'est pas actuellement ici. Pouvez-vous, en attendant qu'il revienne, me confier ce que vous avez à lui dire ?

PHOCION

Je n'ai à l'entretenir de rien de secret, Madame ; il s'agit d'une grâce que j'ai à obtenir de lui, et je compterai d'avance l'avoir obtenue, si vous voulez bien me l'accorder vous-même.

LÉONTINE

Expliquez-vous, Seigneur.

PHOCION

Je m'appelle Phocion, Madame, mon nom peut vous être connu ; mon père que j'ai perdu il y a plusieurs années l'a mis en quelque réputation.

LÉONTINE

Oui, Seigneur.

PHOCION

Seul, et ne dépendant de personne, il y a quelque temps que je voyage pour former mon cœur et mon esprit.

Dimas, *à part.*

Et pour cueillir le fruit de nos arbres.

Léontine

Laissez-nous, Dimas.

Phocion

J'ai visité dans mes voyages tous ceux que leur savoir et leur vertu distinguaient des autres hommes. Il en est même qui m'ont permis de vivre quelque temps avec eux ; et j'ai espéré que l'illustre Hermocrate ne me refuserait pas pour quelques jours l'honneur qu'ils ont bien voulu me faire.

Léontine

Il est vrai, Seigneur, qu'à vous voir, vous paraissez bien digne de cette hospitalité vertueuse que vous avez reçue ailleurs ; mais il ne sera pas possible à Hermocrate de s'honorer du plaisir de vous l'offrir ; d'importantes raisons qu'Agis sait bien, nous en empêchent : je voudrais pouvoir vous les dire, elles nous justifieraient auprès de vous.

Arlequin

D'abord j'en logerai un, moi, dans ma chambre.

Agis

Ce ne sont point les appartements qui nous manquent.

Léontine

Non : mais vous savez mieux qu'un autre, que cela ne se peut pas, Agis, et que nous nous sommes fait une loi nécessaire de ne partager notre retraite avec personne.

AGIS

J'ai pourtant promis au Seigneur Phocion de vous y engager ; et ce ne sera pas violer la loi que nous nous sommes faite, que d'en excepter un ami de la vertu.

LÉONTINE

Je ne saurais changer de sentiment.

ARLEQUIN, *à part.*

Tête de femme !

PHOCION

Quoi ! Madame, serez-vous inflexible à d'aussi louables intentions que les miennes ?

LÉONTINE

C'est malgré moi.

AGIS

Hermocrate vous fléchira, Madame.

LÉONTINE

Je suis sûre qu'il pensera comme moi.

PHOCION, *à part, les premiers mots.*

Allons aux expédients : eh bien, Madame, je n'insisterai plus ; mais oserai-je vous demander un moment d'entretien secret ?

LÉONTINE

Seigneur, je suis fâchée des efforts inutiles que vous allez faire ; puisque vous le voulez pourtant, j'y consens.

Phocion, *à Agis.*

Daignez vous éloigner pour un instant.

SCÈNE VI

Léontine, Phocion

Phocion, *à part, les premiers mots.*

Puisse l'amour favoriser mon artifice ! Puisque vous
ne pouvez, Madame, vous rendre à la prière que je
vous ai faite, il n'est plus question de vous en presser ;
mais peut-être m'accorderez-vous une autre grâce ;
c'est de vouloir bien me donner un conseil qui va
décider de tout le repos de ma vie.

Léontine

Celui que je vous donnerai, Seigneur, c'est d'attendre Hermocrate, il est meilleur à consulter que moi.

Phocion

Non, Madame, dans cette occasion-ci, vous me
convenez encore mieux que lui ; j'ai besoin d'une
raison moins austère que compatissante ; j'ai besoin
d'un caractère de cœur qui tempère sa sévérité d'indulgence, et vous êtes d'un sexe chez qui ce doux
mélange se trouve plus sûrement que dans le nôtre ;
ainsi, Madame, écoutez-moi, je vous en conjure par
tout ce que vous avez de bonté.

Léontine

Je ne sais ce que présage un pareil discours, mais la
qualité d'étranger exige des égards ; ainsi parlez, je
vous écoute.

PHOCION

Il y a quelques jours que, traversant ces lieux en voyageur, je vis près d'ici une dame qui se promenait, et qui ne me vit point ; il faut que je vous la peigne, vous la reconnaîtrez peut-être, et vous en serez mieux au fait de ce que j'ai à vous dire. Sa taille, sans être grande, est pourtant majestueuse, je n'ai vu nulle part un air si noble ; c'est, je crois, la seule physionomie du monde, où l'on voie les grâces les plus tendres s'allier, sans y rien perdre, à l'air le plus imposant, le plus modeste, et peut-être le plus austère. On ne saurait s'empêcher de l'aimer, mais d'un amour timide, et comme effrayé du respect qu'elle imprime ; elle est jeune, non de cette jeunesse étourdie, qui m'a toujours déplu, qui n'a que des agréments imparfaits, et qui ne sait encore qu'* amuser les yeux, sans mériter d'aller au cœur : non, elle est dans cet âge vraiment * aimable qui met les grâces dans toutes leurs forces, où l'on jouit de tout ce que l'on est, dans cet âge où l'âme moins dissipée, ajoute à la beauté des traits un rayon de la finesse qu'elle a acquise.

LÉONTINE, *embarrassée.*

Je ne sais de qui vous parlez, Seigneur, cette dame-là m'est inconnue, et c'est sans doute un portrait trop flatteur.

PHOCION

Celui que j'en garde dans mon cœur est mille fois au-dessus de ce que je vous peins là, Madame. Je vous ai dit que je passais pour aller plus loin ; mais cet objet m'arrêta, et je ne le perdis point de vue, tant qu'il me fut possible de le voir. Cette dame s'entretenait avec quelqu'un, elle souriait de temps en temps, et je démêlais dans ses gestes, je ne sais quoi de doux, de généreux et d'affable, qui perçait à travers un maintien grave et modeste.

LÉONTINE, *à part.*

De qui parle-t-il ?

PHOCION

Elle se retira bientôt après, et rentra dans une maison que je remarquai : je demandai qui elle était, et j'appris qu'elle est la sœur d'un homme célèbre et respectable.

LÉONTINE, *à part.*

Où suis-je ?

PHOCION

Qu'elle n'est point mariée, et qu'elle vit avec ce frère dans une retraite dont elle préfère l'innocent repos, au tumulte du monde toujours méprisé des âmes vertueuses et sublimes ; enfin, tout ce que j'en appris ne fut qu'un éloge, et ma raison même, autant que mon cœur, acheva de me donner pour jamais à elle.

LÉONTINE, *émue.*

Seigneur, dispensez-moi d'écouter le reste, je ne sais ce que c'est que l'amour, et je vous conseillerais mal sur ce que je n'entends point.

PHOCION

De grâce, laissez-moi finir, et que ce mot d'amour ne vous rebute point ; celui dont je vous parle ne souille point mon cœur, il l'honore ; c'est l'amour que j'ai pour la vertu qui allume celui que j'ai pour cette dame : ce sont deux sentiments qui se confondent ensemble ; et si j'aime, si j'adore cette physionomie si aimable que je lui trouve, c'est que mon âme y voit partout l'image des beautés de la sienne.

LÉONTINE

Encore une fois, Seigneur, souffrez que je vous quitte ; on m'attend, et il y a longtemps que nous sommes ensemble.

PHOCION

J'achève, Madame : pénétré des mouvements dont je vous parle, je promis avec transport, de l'aimer toute ma vie ; et c'était promettre de consacrer mes jours au service de la vertu même. Je résolus ensuite de parler à son frère, d'en obtenir le bonheur de passer quelque temps chez lui, sous prétexte de m'instruire, et là, d'employer auprès d'elle tout ce que l'amour, le respect et l'hommage ont de plus soumis, de plus industrieux, et de plus tendre, pour lui prouver une passion dont je remercie les dieux, comme d'un présent inestimable.

LÉONTINE, *à part.*

Quel piège ! et comment en sortir ?

PHOCION

Ce que j'avais résolu, je l'ai exécuté ; je me suis présenté pour parler à son frère : il était absent, et je n'ai trouvé qu'elle, que j'ai vainement conjurée d'appuyer ma demande, qui l'a rejetée, et qui m'a mis au désespoir. Figurez-vous, Madame, un cœur tremblant et confondu devant elle, dont elle a sans doute aperçu la tendresse et la douleur, et qui du moins espérait de lui inspirer une pitié généreuse ; tout m'est refusé, Madame, et dans cet état accablant, c'est à vous à qui j'ai recours, je me jette à vos genoux, et je vous confie mes plaintes.

Il se jette à genoux.

LÉONTINE

Que faites-vous, Seigneur ?

PHOCION

J'implore vos conseils et votre secours auprès d'elle.

LÉONTINE

Après ce que je viens d'entendre, c'est aux dieux à qui j'en demande moi-même.

PHOCION

L'avis des dieux est dans votre cœur, croyez-en ce qu'il vous inspire.

LÉONTINE

Mon cœur ! ô ciel ! C'est peut-être l'ennemi de mon repos que vous voulez que je consulte.

PHOCION

Et serez-vous moins tranquille, pour être généreuse ?

LÉONTINE

Ah ! Phocion, vous aimez la vertu, dites-vous, est-ce l'aimer que de venir la surprendre ?

PHOCION

Appelez-vous la surprendre que l'adorer ?

LÉONTINE

Mais enfin, quels sont vos desseins ?

PHOCION

Je vous ai consacré ma vie, j'aspire à l'unir à la vôtre ; ne m'empêchez pas de le tenter, souffrez-moi quelques jours ici seulement, c'est à présent la seule grâce qui soit l'objet de mes souhaits ; et si vous me l'accordez, je suis sûr d'Hermocrate.

LÉONTINE

Vous souffrir ici, vous qui m'aimez !

PHOCION

Eh ! qu'importe un amour qui ne fait qu'augmenter
mon respect ?...

LÉONTINE

Un amour vertueux peut-il exiger ce qui ne l'est
pas ? Quoi ! voulez-vous que mon cœur s'égare ? Que
venez-vous faire ici, Phocion ? Ce qui m'arrive est-il
concevable ? Quelle aventure ! ô ciel, quelle aventure !
faudra-t-il que ma raison y périsse ? Faudra-t-il que je
vous aime, moi qui n'ai jamais aimé ? Est-il temps que
je sois sensible ? Car enfin, vous me flattez en vain ;
vous êtes jeune, vous êtes * aimable, et je ne suis plus
ni l'un ni l'autre.

PHOCION

Quel étrange discours !

LÉONTINE

Oui, Seigneur, je l'avoue, un peu de beauté, dit-on,
m'était échue en partage ; la nature m'avait départi
quelques charmes que j'ai toujours méprisés. Peut-
être me les faites-vous regretter ! Je le dis à ma honte :
mais ils ne sont plus, ou le peu qui m'en reste va se
passer bientôt.

PHOCION

Eh ! de quoi sert ce que vous dites là, Léontine ?
Convaincrez-vous mes yeux de ce qui n'est pas ?
Espérez-vous me persuader avec ces grâces ? Avez-
vous pu jamais être plus aimable ?

LÉONTINE

Je ne suis plus ce que j'étais.

PHOCION

Tranchons là-dessus, Madame, ne disputons plus.
Oui, j'y consens, toute charmante que vous êtes, votre
jeunesse va se passer, et je suis dans la mienne ; mais
toutes les âmes sont du même âge. Vous savez ce que
je vous demande ; je vais en presser Hermocrate, et je
mourrai de douleur si vous ne m'êtes pas favorable.

LÉONTINE

Je ne sais encore ce que je dois faire. Voici
Hermocrate qui vient, et je vous servirai en attendant
que je me détermine.

SCÈNE VII

HERMOCRATE, AGIS, PHOCION, LÉONTINE, ARLEQUIN

HERMOCRATE, *à Agis*.

Est-ce là le jeune étranger dont vous me parlez ?

AGIS

Oui, Seigneur, c'est lui-même.

ARLEQUIN

C'est moi qui ai eu l'honneur de lui parler le
premier, et je lui ai toujours fait vos compliments en
attendant votre arrivée.

LÉONTINE

Vous voyez, Hermocrate, le fils de l'illustre Phocion, que son estime pour vous amène ici ; il aime la
sagesse, et voyage pour s'instruire ; quelques-uns de
vos pareils se sont fait un plaisir de le recevoir quelque
temps chez eux ; il attend de vous le même accueil, il
le demande avec un empressement qui mérite qu'on

s'y rende ; j'ai promis de vous y engager, je le fais, et je vous laisse ensemble : ah !

AGIS

Et si mon suffrage vaut quelque chose, je le joins à celui de Léontine, Seigneur.

Agis s'en va.

ARLEQUIN

Et moi, j'y ajoute ma voix par-dessus le marché.

HERMOCRATE, *regardant Phocion.*

Que vois-je !

PHOCION

Je regarde comme des bienfaits, ces instances qu'on vous fait pour moi, Seigneur, jugez de ma reconnaissance pour vous, si elles ne sont pas inutiles.

HERMOCRATE

Je vous rends grâces, Seigneur, de l'honneur que vous me faites : un disciple tel que vous, ne me paraît pas avoir besoin d'un maître qui me ressemble ; cependant pour en mieux juger, j'aurais confidemment quelques questions à vous faire. (*À Arlequin.*) Retire-toi.

SCÈNE VIII

HERMOCRATE, PHOCION

HERMOCRATE

Ou je me trompe, Seigneur, ou vous ne m'êtes pas inconnu.

PHOCION

Moi, Seigneur !

HERMOCRATE

Ce n'est pas sans raison que j'ai voulu vous parler en
secret ; j'ai des soupçons dont l'éclaircissement ne
demande point d'éclat ; et c'est à vous à qui je
l'épargne.

PHOCION

Quels sont donc ces soupçons ?

HERMOCRATE

Vous ne vous appelez point Phocion.

PHOCION, *à part.*

Il se ressouvient de la forêt.

HERMOCRATE

Celui dont vous prenez le nom, est actuellement à
Athènes, je l'apprends par une lettre de Mermécides.

PHOCION

Ce peut être quelqu'un qui se nomme comme moi.

HERMOCRATE

Ce n'est pas là tout : c'est que ce nom supposé est la
moindre erreur où vous voulez nous jeter.

PHOCION

Je ne vous entends point, Seigneur.

HERMOCRATE

Cet habit-là n'est pas le vôtre, avouez-le, Madame,
je vous ai vue ailleurs.

PHOCION, *affectant d'être surprise.*

Vous dites vrai, Seigneur.

HERMOCRATE

Les témoins, comme vous voyez, n'étaient pas nécessaires, du moins ne rougissez-vous que devant moi.

PHOCION

Si je rougis, je ne me rends pas justice, Seigneur ; et c'est un *mouvement que je désavoue ; le déguisement où je suis n'enveloppe aucun projet dont je doive être confuse.

HERMOCRATE

Moi qui entrevois ce projet, je n'y vois cependant rien de si convenable à l'innocence des mœurs de votre sexe, rien dont vous puissiez vous applaudir ; l'idée de venir m'enlever Agis mon élève, d'essayer sur lui de dangereux appas, de jeter dans son cœur un trouble presque toujours funeste ; cette idée-là, ce me semble, n'a rien qui doive vous dispenser de rougir, Madame.

PHOCION

Agis ? qui ? ce jeune homme qui vient de paraître ici ? Sont-ce là vos soupçons ? ai-je rien en moi qui les justifie ? est-ce ma physionomie qui vous les inspire, et les mérite-t-elle ? et faut-il que ce soit vous qui me fassiez cet outrage ? faut-il que des sentiments tels que les miens me l'attirent ? et les dieux qui savent mes desseins ne me le devaient-ils pas épargner ? Non, Seigneur, je ne viens point ici troubler le cœur d'Agis ; tout élevé qu'il est par vos mains, tout fort qu'il est de la sagesse de vos leçons, ce déguisement pour lui n'eût pas été nécessaire ; si je l'aimais, j'en aurais espéré la conquête à moins de frais, il n'aurait fallu que me montrer peut-être, que faire parler mes yeux : son âge et mes faibles appas m'auraient fait raison de son cœur. Mais ce n'est pas à lui à qui le mien en veut ; celui que je cherche est plus difficile à surprendre, il ne relève point du pouvoir de mes yeux, mes appas ne feront rien sur lui : vous voyez que je ne compte point sur eux, que je n'en fais pas ma ressource, je ne les ai pas mis en état de plaire ; et je les cache sous ce déguisement, parce qu'ils me seraient inutiles.

HERMOCRATE

Mais ce séjour que vous voulez faire chez moi, Madame, qu'a-t-il de commun avec vos desseins, si vous ne songez pas à Agis ?

PHOCION

Eh quoi ! toujours Agis ! Eh ! Seigneur, épargnez à votre vertu le regret d'avoir offensé la mienne ; n'abusez point contre moi des apparences d'une aventure peut-être encore plus louable qu'innocente, que vous me voyez soutenir avec un courage qui doit étonner vos soupçons, et dont j'ose attendre votre estime, quand vous en saurez les motifs. Ne me parlez donc plus d'Agis, je ne songe point à lui, je le répète : en voulez-vous des preuves incontestables ? Elles ne ménageront point la fierté de mon sexe ; mais je n'en apporte ici ni la vanité, ni *l'industrie : j'y viens avec un orgueil plus noble que le sien ; vous le verrez, Seigneur. Il s'agit à présent de vos soupçons, et deux mots vont les détruire. Celui que j'aime veut-il me donner sa main ? voilà la mienne : Agis n'est point ici pour accepter mes offres.

HERMOCRATE, *embarrassé.*

Je ne sais donc plus à qui elles s'adressent.

PHOCION

Vous le savez, Seigneur, et je viens de vous le dire ; je ne m'expliquerais pas mieux en nommant Hermocrate.

HERMOCRATE

Moi ! Madame ?

PHOCION

Vous êtes instruit, Seigneur.

HERMOCRATE, *déconcerté*.

Je le suis en effet, et ne reviens point du trouble où
ce discours me jette : moi l'objet des *mouvements
d'un cœur tel que le vôtre !

PHOCION

Seigneur, écoutez-moi ; j'ai besoin de me justifier
après l'aveu que je viens de faire.

HERMOCRATE

Non, Madame, je n'écoute plus rien, toute justifica-
tion est inutile, vous n'avez rien à craindre de mes
idées ; calmez vos inquiétudes là-dessus ; mais de
grâce, laissez-moi. Suis-je fait pour être aimé ? Vous
attaquez une âme solitaire et sauvage, à qui l'amour
est étranger ; ma rudesse doit rebuter votre jeunesse et
vos charmes, et mon cœur en un mot, ne pourrait rien
pour le vôtre.

PHOCION

Eh ! je ne lui demande point de partager mes
sentiments, je n'ai nul espoir ; et si j'en ai, je le
désavoue : mais souffrez que j'achève. Je vous ai dit
que je vous aime, voulez-vous que je reste en proie à
l'injure que me ferait ce discours-là, si je ne m'expli-
quais pas ?

HERMOCRATE

Mais la raison me défend d'en entendre davantage.

PHOCION

Mais ma *gloire et ma vertu que je viens de compromettre, veulent que je continue. Encore une fois, Seigneur, écoutez-moi. Vous paraître estimable est le seul avantage où j'aspire, le seul salaire dont mon cœur soit jaloux : qu'est-ce qui vous empêcherait de m'entendre ? Je n'ai rien de redoutable, que des charmes humiliés par l'aveu que je vous fais, qu'une faiblesse que vous méprisez, et que je vous apporte à combattre.

HERMOCRATE

J'aimerais encore mieux l'ignorer.

PHOCION

Oui, Seigneur, je vous aime ; mais ne vous y trompez pas, il ne s'agit pas ici d'un penchant ordinaire ; cet aveu que je vous fais, il ne m'échappe point ; je le fais exprès : ce n'est point à l'amour à qui je l'accorde ; il ne l'aurait jamais obtenu ; c'est à ma vertu même à qui je le donne. Je vous dis que je vous aime, parce que j'ai besoin de la confusion de le dire ; parce que cette confusion aidera peut-être à me guérir ; parce que je cherche à rougir de ma faiblesse pour la vaincre : je viens affliger mon orgueil pour le révolter contre vous. Je ne vous dis point que je vous aime, afin que vous m'aimiez ; c'est afin que vous m'appreniez à ne plus vous aimer moi-même : haïssez, méprisez l'amour, j'y consens ; mais faites que je vous ressemble. Enseignez-moi à vous ôter mon cœur, défendez-moi de l'attrait que je vous trouve. Je ne demande point d'être aimée, il est vrai ; mais je désire de l'être : ôtez-moi ce désir ; c'est contre vous-même que je vous implore.

HERMOCRATE

Eh bien, Madame, voici le secours que je vous donne : je ne veux point vous aimer ; que cette

indifférence-là vous guérisse, et finissez un discours
où tout est poison pour qui l'écoute.

PHOCION

Grands dieux! à quoi me renvoyez-vous? à une
indifférence que j'ai bien prévue. Est-ce ainsi que vous
répondez au *généreux courage avec lequel je vous
expose ma situation; le sage ne l'est-il au profit de
personne?

HERMOCRATE

Je ne le suis point, Madame.

PHOCION

Eh bien, soit; mais laissez-moi le temps de vous
trouver des défauts, et souffrez que je continue.

HERMOCRATE, *toujours ému.*

Que m'allez-vous dire encore?

PHOCION

Écoutez-moi. J'avais entendu parler de vous; tout
le public est plein de votre nom.

HERMOCRATE

Passons de grâce, Madame.

PHOCION

Excusez ces traits d'un cœur qui se plaît à louer ce
qu'il aime. Je m'appelle Aspasie; et ce fut dans ces
solitudes où je vivais, comme vous, maîtresse de moi-
même, et d'une fortune assez grande, avec l'ignorance
de l'amour, avec le mépris de tous les efforts qu'on
faisait pour m'en inspirer.

HERMOCRATE

Que ma complaisance est ridicule!

PHOCION

Ce fut donc dans ces solitudes où je vous rencontrai,
vous promenant aussi bien que moi ; je ne savais qui
vous étiez d'abord, cependant en vous regardant, je
me sentis émue ; il semblait que mon cœur devinait
Hermocrate.

HERMOCRATE

Non, je ne saurais plus supporter ce récit. Au nom
de cette vertu que vous chérissez, Aspasie, laissons-là
ce discours ; abrégeons, quels sont vos desseins ?

PHOCION

Ce récit vous paraît frivole, il est vrai ; mais le soin
de rétablir ma raison ne l'est pas.

HERMOCRATE

Mais le soin de garantir la mienne doit m'être
encore plus cher ; tout sauvage que je suis, j'ai des
yeux, vous avez des charmes, et vous m'aimez.

PHOCION

J'ai des charmes, dites-vous ? Eh quoi, Seigneur !
est-ce que vous les voyez, et craignez-vous de les
sentir ?

HERMOCRATE

Je ne veux pas même m'exposer à le craindre.

PHOCION

Puisque vous les évitez, vous en avez donc peur ?
Vous ne m'aimez pas encore ; mais vous craignez de
m'aimer : vous m'aimerez, Hermocrate, je ne saurais
m'empêcher de l'espérer.

HERMOCRATE

Vous me troublez, je vous réponds mal, et je me
tais.

PHOCION

Eh bien, Seigneur, retirons-nous, marchons, rejoi-
gnons Léontine, j'ai dessein de demeurer quelque
temps ici, et vous me direz tantôt ce que vous aurez
résolu là-dessus.

HERMOCRATE

Allez donc, Aspasie, je vous suis.

SCÈNE IX

HERMOCRATE, DIMAS

HERMOCRATE

J'ai pensé m'égarer dans cet entretien, quel parti
faut-il que je prenne ? Approche, Dimas : tu vois ce
jeune étranger qui me quitte ; je te charge d'observer
ses actions, de le suivre le plus que tu pourras, et
d'examiner s'il cherche à entretenir Agis ; entends-tu ?
j'ai toujours estimé ton zèle, et tu ne saurais me le
prouver mieux, qu'en t'acquittant exactement de ce
que je te dis là.

DIMAS

Voute affaire est faite ; pas pus tard que tantôt, je
vous apportons toute sa pensée.

ACTE II

SCÈNE PREMIÈRE

ARLEQUIN, DIMAS

DIMAS

Eh morgué ! venez çà, vous dis-je : depuis que ces nouviaux venus sont ici, il n'y a pas moyan de vous parler, vous êtes toujours à chuchoter à l'écart avec ce marmouset de valet.

ARLEQUIN

C'est par civilité, mon ami ; mais je ne t'en aime pas moins, quoique je te laisse là.

DIMAS

Mais la civilité ne veut pas qu'en soit * malhonnête envars moi qui sis voute ancien camarade, et palsangué, le vin et l'amiquié, c'est tout un ; pus ils sont vieux tous deux, et mieux c'est.

ARLEQUIN

Cette comparaison-là est de bon goût, nous en boirons la moitié quand tu voudras, et tu boiras gratis à mes dépens.

DIMAS

Diantre, qu'ou êtes * hasardeux ! vous dites ça comme s'il en pleuvait ; avez-vous bian de quoi ?

ARLEQUIN

Ne t'embarrasse pas.

DIMAS

Vartuchou, vous êtes un fin marle ; mais, morgué, je sis marle itou, moi.

ARLEQUIN

Eh ! depuis quand suis-je devenu merle ?

DIMAS

Bon, bon, ne savons-je pas qu'ou avez de la finance de * rencontre, je vous ont vu tantôt compter voute somme.

ARLEQUIN

Il a raison, voilà ce que c'est que de vouloir savoir son compte.

DIMAS, *à part les premiers mots.*

Il baille dans le paniau. Acoutez, noute ami, il y a bian des affaires, bian du tintamarre dans l'esprit de noute maître.

ARLEQUIN

Est-ce qu'il m'a vu aussi compter ma finance ?

DIMAS

Pou ! voirement c'est bian pis ; faut qu'il se doute de toute la manigance ; car il m'a enchargé de faire ici le renard en tapinois, pour à celle fin de défricher la pensée de ces deux parsonnes dont il a doutance par rapport à l'intention qu'elles avont, dont il est en peine d'avoir connaissance au juste, vous entendez bian ?

ARLEQUIN

Pas trop ; mais, mon ami, je parle donc à un renard ?

DIMAS

Chut, n'appriandez rin de ce renard-là; il n'y a
* tant seulement qu'à voir ce que vous voulez que je li
dise. Preumièrement d'abord, faut pas li déclarer ce
que c'est que ce monde-là, n'est-ce pas?

ARLEQUIN

Garde-t'en bien, mon garçon!

DIMAS

Laissez-moi faire. Il n'a tenu qu'à moi d'en dégoi-
ser, car je n'ignore de rin.

ARLEQUIN

Tu sais donc qui ils sont?

DIMAS

Pargué, si je le savons! je les connaissons de plante
et de raçaine.

ARLEQUIN

Oh, oh! Je croyais qu'il n'y avait que moi qui les
connaissais.

DIMAS

Vous? par la morgué, peut-être que vous n'en savez
rin.

ARLEQUIN

Oh que si!

DIMAS

Gage que non, ça ne se peut pas, ça est par trop
difficile.

ARLEQUIN

Mais voyez cet opiniâtre, je te dis qu'elle me l'ont dit elle-mêmes.

DIMAS

Quoi ?

ARLEQUIN

Qu'elles étaient des femmes !

DIMAS, *étonné.*

Alles sont des femmes !

ARLEQUIN

Comment donc, fripon, est-ce que tu ne le savais pas ?

DIMAS

Non morgué, pas le mot ; mais je triomphe.

ARLEQUIN

Ah maudit renard ! vilain merle !

DIMAS

Alles sont des femmes ! * Tatigué que je sis aise !

ARLEQUIN

Je suis un misérable.

DIMAS

Queu tapage je m'en vas faire ! Comme je vas m'ébaudir à conter ça ! queu plaisir !

ARLEQUIN

Dimas, tu me coupes la gorge.

Dimas

Je m'embarrasse bian de voute gorge, ha ha ! des femmes qui baillont de l'argent en darrière un jardinier, maugré qu'il les treuve dans son jardrin, il n'y a morgué point de gorge qui tianne, faut punir ça.

Arlequin

Mon ami, es-tu friand d'argent ?

Dimas

Je serais bian dégoûté, si je ne l'étais pas ; mais où est-il cet argent ?

Arlequin

Je ferai financer cette dame pour racheter mon étourderie, je te le promets.

Dimas

Cette étourderie-là n'est pas à bon marché, je vous en avartis.

Arlequin

Je sais bien qu'elle est considérable.

Dimas

Mais, par priambule, j'entends et je prétends qu'ou me disiais toute cette friponnerie-là. Ah çà, combien avez-vous reçu de cette dame, tant en monnaie qu'en grosses pièces, parlez en conscience ?

Arlequin

Elle m'a donné vingt pièces d'or.

Dimas

Vingt pièces d'or ! Queu chartée d'argent ça fait ! Velà une histoire qui vaut une maitairie. Après : cette dame, que vient-elle * patricoter ici ?

ARLEQUIN

C'est qu'Agis a pris son cœur dans une promenade.

DIMAS

Eh bian, que ne se garait-il ?

ARLEQUIN

Et elle s'est mise comme ça pour escamoter aussi le cœur d'Agis sans qu'il le voie.

DIMAS

Fort bian, tout ça est d'un bon revenu pour moi : tout ça se peut, moyennant que j'escamote itou ; et ce petit valet Hermidas, est-ce itou une escamoteuse ?

ARLEQUIN

C'est encore un cœur que je pourrais bien prendre en passant.

DIMAS

Ça ne vous conviant pas, à vous qui êtes un apprentif docteux ; mais tenez, velà qu'alles viannent, faites avancer l'espèce.

SCÈNE II

ARLEQUIN, DIMAS, PHOCION, HERMIDAS

HERMIDAS, *à Phocion, en parlant d'Arlequin.*

Il est avec le jardinier, il n'y a pas moyen de lui parler.

DIMAS, *à Arlequin.*

Alles n'osont approcher, dites-leu que je sis savant sur leus parsonnes.

ARLEQUIN, *à Phocion.*

Ne vous *gênez point; car je suis un babillard,
Madame.

PHOCION

A qui parles-tu, Arlequin?

ARLEQUIN

Hélas! il n'y a plus de mystère, il m'a fait causer
avec une attrape.

PHOCION

Quoi! malheureux, tu lui as dit qui j'étais?

ARLEQUIN

Il n'y a pas une syllabe de manque.

PHOCION

Ah, ciel!

DIMAS

Je savons la parte de voute cœur, et l'escamotage de
stila d'Agis : je savons son argent, il n'y a que ceti-là
qu'il m'a proumis que je ne savons pas encore.

PHOCION

Corine, c'en est fait, mon projet est renversé.

HERMIDAS

Non, Madame, ne vous découragez point; dans
votre projet, vous avez besoin d'ouvriers, il n'y a qu'à
gagner aussi le jardinier, n'est-il pas vrai, Dimas?

DIMAS

Je sis tout à fait de voute avis, Mademoiselle.

HERMIDAS

Eh bien, que faut-il pour cela?

DIMAS

Il n'y a qu'à m'acheter ce que je vaux.

ARLEQUIN

Le fripon ne vaut pas une obole.

PHOCION

Ne tient-il aussi qu'à cela, Dimas; prends toujours d'avance ce que je te donne là; et si tu te tais, sache que tu remercieras toute la vie le ciel d'avoir été associé à cette aventure-ci; elle est plus heureuse pour toi, que tu ne saurais te l'imaginer.

DIMAS

Conclusion, Madame, me velà vendu.

ARLEQUIN

Et moi, me voilà ruiné; car sans ma peste de langue, tout cet argent-là arrivait dans ma poche, et c'est de mes deniers qu'on achète ce vaurien-là.

PHOCION

Qu'il vous suffise que je vous ferai riches tous deux : mais parlons de ce qui m'amenait ici, et qui m'inquiète. Hermocrate m'a promis tantôt de me garder quelque temps ici; cependant je crains qu'il n'ait changé de sentiments; car il est actuellement en grande conversation sur mon compte, avec Agis et sa sœur qui veulent que je reste. Dis-moi la vérité, Arlequin; ne t'est-il rien échappé avec lui de mes desseins sur Agis? je te cherchais pour savoir cela, ne me cache rien.

ARLEQUIN

Non, par ma foi, ma belle dame, il n'y a que ce routier-là qui m'a pris comme avec un filet.

DIMAS

Morgué l'ami, faut que la prudence vous coupe à présent la langue sur tout ça.

PHOCION

Si tu n'as rien dit, je ne crains rien ; vous saurez de Corine à quoi j'en suis avec le philosophe et sa sœur ; et vous, Corine, puisque Dimas est des nôtres, partagez entre Arlequin et lui ce qu'il y aura à faire : il s'agit à présent d'entretenir les dispositions du frère et de la sœur.

HERMIDAS

Nous réussirons, ne vous inquiétez pas.

PHOCION

J'aperçois Agis : vite retirez-vous, vous autres ; et surtout, prenez garde qu'Hermocrate ne nous surprenne ensemble.

SCÈNE III

AGIS, PHOCION

AGIS

Je vous cherchais, mon cher Phocion, et vous me voyez inquiet ; Hermocrate n'est plus si disposé à consentir à ce que vous souhaitez : je n'ai encore été mécontent de lui qu'aujourd'hui : il n'allègue rien de raisonnable ; ce n'est point encore moi qui l'ai pressé sur votre chapitre, j'étais seulement présent quand sa

sœur lui a parlé pour vous : elle n'a rien oublié pour le
déterminer, et je ne sais ce qu'il en sera ; car une
affaire qui demandait Hermocrate, et qui l'occupe
actuellement, a interrompu leur entretien : mais, cher
Phocion, que ce que je vous dis là ne vous rebute pas ;
pressez-le encore, c'est un ami qui vous en conjure ; je
lui parlerai moi-même, et nous pourrons le vaincre.

PHOCION

Quoi ! vous m'en conjurez, Agis ? vous trouvez
donc quelque douceur à me voir ici ?

AGIS

Je n'y attends plus que l'ennui, quand vous n'y
serez plus.

PHOCION

Il n'y a plus que vous qui m'y * arrêtez aussi.

AGIS

Votre cœur partage donc les sentiments du mien ?

PHOCION

Mille fois plus que je ne saurais vous le dire !

AGIS

Laissez-moi vous en demander une preuve : voilà la
première fois que je goûte le charme de l'amitié ; vous
avez les prémices de mon cœur, ne m'apprenez point
la douleur dont on est capable quand on perd son ami.

PHOCION

Moi ! vous l'apprendre, Agis ! eh ! le pourrais-je
sans en être la victime ?

AGIS

Que je suis touché de votre réponse ! Écoutez le reste : souvenez-vous que vous m'avez dit qu'il ne tiendrait qu'à moi de vous voir toujours ; et sur ce pied-là, voici ce que j'imagine.

PHOCION

Voyons.

AGIS

Je ne saurais si tôt quitter ces lieux, d'importantes raisons que vous saurez quelque jour, m'en empêchent ; mais vous, Phocion, qui êtes le maître de votre sort, attendez ici que je puisse décider du mien : demeurez près de nous pour quelque temps ; vous y serez dans la solitude, il est vrai ; mais nous y serons ensemble ; et le monde peut-il rien offrir de plus doux, que le commerce de deux cœurs vertueux qui s'aiment ?

PHOCION

Oui, je vous le promets, Agis : après ce que vous venez de dire, je ne veux plus appeler le monde, que les lieux où vous serez vous-même.

AGIS

Je suis content : les dieux m'ont fait naître dans l'infortune ; mais puisque vous restez, ils s'apaisent ; et voilà le signal des faveurs qu'ils me réservent.

PHOCION

Écoutez aussi, Agis : au milieu du plaisir que j'ai de vous voir si sensible, il me vient une inquiétude ; l'amour peut altérer bientôt de si tendres sentiments ; un ami ne tient point contre une maîtresse.

AGIS

Moi de l'amour ! Phocion, fasse le ciel que votre
âme lui soit aussi inaccessible que la mienne ! Vous ne
me connaissez pas ; mon éducation, mes sentiments,
ma raison, tout lui ferme mon cœur ; il a fait les
malheurs de mon sang, et je hais, quand j'y songe,
jusqu'au sexe qui nous l'inspire.

PHOCION, *d'un air sérieux.*

Quoi ! ce sexe est l'objet de votre haine, Agis ?

AGIS

Je le fuirai toute ma vie.

PHOCION

Cet aveu change tout entre nous, Seigneur : je vous
ai promis de demeurer en ces lieux ; mais la bonne foi
me le défend, cela n'est plus possible, et je pars : vous
auriez quelque jour des reproches à me faire ; je ne
veux point vous tromper, et je vous rends jusqu'à
l'amitié que vous m'aviez accordée.

AGIS

Quel étrange langage me tenez-vous là, Phocion ?
D'où vient ce changement si subit ? Qu'ai-je dit qui
puisse vous déplaire ?

PHOCION

Rassurez-vous, Agis, vous ne me regretterez point ;
vous avez craint de connaître ce que c'est que la
douleur de perdre un ami, je vais l'éprouver bientôt ;
mais vous ne la connaîtrez point.

AGIS

Moi, cesser d'être votre ami ?

PHOCION

Vous êtes toujours le mien, Seigneur, mais je ne suis plus le vôtre ; je ne suis qu'un des objets de cette haine, dont vous parliez tout à l'heure.

AGIS

Quoi, ce n'est point Phocion ?...

PHOCION

Non, Seigneur ; cet habit vous abuse, il vous cache une fille infortunée qui échappe sous ce déguisement à la persécution de la Princesse : mon nom est Aspasie ; je suis née d'un sang illustre dont il ne reste plus que moi : les biens qu'on m'a laissés, me jettent aujourd'hui dans la nécessité de fuir. La Princesse veut que je les livre avec ma main à un de ses parents qui m'aime et que je hais. J'appris que, sur mes refus, elle devait me faire enlever sous de faux prétextes, et je n'ai trouvé d'autre ressource contre cette violence, que de me sauver sous cet habit, qui me déguise. J'ai entendu parler d'Hermocrate, et de la solitude qu'il habite, et je venais chez lui sans me faire connaître, tâcher du moins, pour quelque temps, d'y trouver une retraite. Je vous y ai rencontré, vous m'avez offert votre amitié, je vous ai vu digne de toute la mienne ; la confiance que je vous marque, est une preuve que je vous l'ai donnée, et je la conserverai malgré la haine qui va succéder à la vôtre.

AGIS

Dans l'étonnement où vous me jetez, je ne saurais plus moi-même démêler ce que je pense.

PHOCION

Et moi, je le démêle pour vous : adieu, Seigneur ; Hermocrate souhaite que je me retire d'ici ; vous m'y souffrez avec peine ; mon départ va vous satisfaire tous deux, et je vais chercher des cœurs, dont la bonté ne me refuse pas un asile.

AGIS

Non, Madame, arrêtez... votre sexe est dangereux, il est vrai, mais les infortunés sont trop respectables.

PHOCION

Vous me haïssez, Seigneur.

AGIS

Non, vous dis-je, arrêtez, Aspasie ; vous êtes dans un état que je plains : je me reprocherais de n'y avoir pas été sensible ; et je presserai moi-même Hermocrate, s'il le faut, de consentir à votre séjour ici, vos malheurs m'y obligent.

PHOCION

Ainsi vous n'agirez plus que par pitié pour moi : que cette aventure me décourage ! Le jeune seigneur qu'on veut que j'épouse me paraît estimable ; après tout, plutôt que de prolonger un état aussi rebutant que le mien, ne vaudrait-il pas mieux me rendre ?

AGIS

Je ne vous le conseille pas, Madame, il faut que le cœur et la main se suivent. J'ai toujours entendu dire, que le sort le plus triste, est d'être uni avec ce qu'on n'aime pas ; que la vie alors est un tissu de langueurs ; que la vertu même, en nous secourant, nous accable ; mais peut-être sentez-vous, que vous aimerez volontiers celui qu'on vous propose.

PHOCION

Non, Seigneur ; ma fuite en est une preuve.

AGIS

Prenez-y donc garde : surtout, si quelque secret penchant vous prévenait pour un autre ; car peut-être aimez-vous ailleurs, et ce serait encore pis.

PHOCION

Non, vous dis-je ; je vous ressemble ; je n'ai jusqu'ici * senti mon cœur, que par l'amitié que j'ai eu[1] pour vous ; et si vous ne me retiriez pas la vôtre, je ne voudrais jamais d'autre sentiment que celui-là.

AGIS, *d'un ton enbarrassé.*

Sur ce * pied-là, ne vous exposez pas à revoir la Princesse ; car je suis toujours le même.

PHOCION

Vous m'aimez donc encore ?

AGIS

Toujours, Madame, d'autant plus qu'il n'y a rien à craindre ; puisqu'il ne s'agit entre nous que d'amitié, qui est le seul penchant que je puisse inspirer, et le seul aussi, sans doute, dont vous soyez capable.

PHOCION et AGIS, *en même temps.*

Ah !

PHOCION

Seigneur, personne n'est plus digne que vous de la qualité d'ami : celle d' * amant ne vous convient que trop ; mais ce n'est pas à moi à vous le dire.

AGIS

Je voudrais bien ne le devenir jamais.

1. *Sic.*

PHOCION

Laissons donc là l'amour : il est même dangereux d'en parler.

AGIS, *un peu confus*.

Voici, je pense, un domestique qui vous cherche : Hermocrate n'est peut-être plus occupé ; souffrez que je vous quitte pour aller le joindre.

SCÈNE IV

PHOCION, ARLEQUIN, HERMIDAS

ARLEQUIN

Allez, Madame Phocion, votre entretien tout à l'heure était bien gardé ; car il avait trois sentinelles.

HERMIDAS

Hermocrate n'a point paru ; mais sa sœur vous cherche, et a demandé au jardinier où vous étiez : elle a l'air un peu triste, apparemment que le philosophe ne se rend pas.

PHOCION

Oh ! il a beau faire, il deviendra docile, ou tout l'art de mon sexe n'y pourra rien.

ARLEQUIN

Et le seigneur Agis promet-il quelque chose ; son cœur se * mitonne-t-il un peu ?

PHOCION

Encore une ou deux conversations, et je l'emporte.

HERMIDAS

Quoi ! sérieusement, Madame ?

PHOCION

Oui, Corine, tu sais les motifs de mon amour, et les dieux m'en annoncent déjà la récompense.

ARLEQUIN

Ils ne manqueront pas aussi de récompenser le mien, car il est bien honnête.

HERMIDAS, *à Arlequin.*

Paix ; j'aperçois Léontine, retirons-nous.

PHOCION

As-tu instruit Arlequin de ce qu'il s'agit de faire à présent ?

HERMIDAS

Oui, Madame.

ARLEQUIN

Vous serez charmée de mon savoir-faire.

SCÈNE V

PHOCION, LÉONTINE

PHOCION

J'allais vous trouver, Madame : on m'a appris ce qui se passe ; Hermocrate veut se dédire de la grâce qu'il m'avait accordée, et je suis dans un trouble inexprimable.

LÉONTINE

Oui, Phocion ; Hermocrate, par une opiniâtreté qui me paraît sans fondement, refuse de tenir la parole qu'il m'a donnée : vous m'allez dire que je le presse encore ; mais je viens vous avouer que je n'en ferai rien.

PHOCION

Vous n'en ferez rien, Léontine ?

LÉONTINE

Non, ses refus me rappellent moi-même à la raison.

PHOCION

Et vous appelez cela, retrouver la raison ; quoi ! ma tendresse aura borné mes vues ; je n'aurai cherché qu'à vous la dire ! Je vous l'aurai dite ! Je me serai mis hors d'état de guérir jamais ! J'aurai même espéré de vous toucher, et vous voulez que je vous quitte ! Non, Léontine, cela n'est pas possible ; c'est un sacrifice que mon cœur ne saurait plus vous faire : moi, vous quitter ! Eh ! où voulez-vous que j'en trouve la force ? Me l'avez-vous laissée ? Voyez ma situation. C'est à votre vertu même à qui je parle, c'est elle que j'interroge ; qu'elle soit juge entre vous et moi. Je suis chez vous ; vous m'y avez souffert ; vous savez que je vous aime ; me voilà pénétré de la passion la plus tendre ; vous me l'avez inspirée, et je partirais ! Eh ! Léontine, demandez-moi ma vie, déchirez mon cœur, ils sont tous deux à vous ; mais ne me demandez point des choses impossibles.

LÉONTINE

Quelle vivacité de *mouvements ! Non, Phocion, jamais je ne sentis tant la nécessité de votre départ ; et je ne m'en mêle plus. Juste ciel ! Que deviendrait mon cœur avec l'impétuosité du vôtre ? Suis-je obligée, moi, de soutenir cette foule d'expressions passionnées, qui vous échappent ? Il faudrait donc toujours combattre, toujours résister, et ne jamais vaincre. Non, Phocion ; c'est de l'amour que vous voulez m'inspirer, n'est-ce pas ? Ce n'est pas la douleur d'en avoir que vous voulez que je sente, et je ne sentirais que cela : ainsi, retirez-vous, je vous en conjure, et laissez-moi dans l'état où je suis.

PHOCION

De grâce, ménagez-moi, Léontine ; je m'égare à la seule idée de partir ; je ne saurais plus vivre sans vous : je vais remplir ces lieux de mon désespoir ; je ne sais plus où je suis !

LÉONTINE

Et parce que vous êtes désolé, il faut que je vous aime ? Qu'est-ce que cette tyrannie-là ?

PHOCION

Est-ce que vous me haïssez ?

LÉONTINE

Je le devrais.

PHOCION

Les dispositions de votre cœur me sont-elles favorables ?

LÉONTINE

Je ne veux point les écouter.

PHOCION

Oui, mais moi, je ne saurais renoncer à les suivre.

LÉONTINE

Arrêtez ; j'entends quelqu'un.

SCÈNE VI

PHOCION, LÉONTINE, ARLEQUIN

Arlequin vient se mettre entre eux deux, sans rien dire.

PHOCION

Que fait donc là ce domestique, Madame ?

ARLEQUIN

Le seigneur Hermocrate m'a ordonné d'examiner votre conduite, parce qu'il ne vous connaît point.

PHOCION

Mais dès que je suis avec Madame, ma conduite n'a pas besoin d'un espion comme toi. *(à Léontine.)* Dites-lui qu'il se retire, Madame, je vous en prie.

LÉONTINE

Il vaut mieux me retirer moi-même.

PHOCION, *bas à Léontine.*

Si vous vous en allez sans promettre de parler pour moi, je ne réponds plus de ma raison.

˙LÉONTINE, *émue.*

Ah ! *(à Arlequin.)* Va-t'en, Arlequin, il n'est pas nécessaire que tu restes ici.

ARLEQUIN

Plus nécessaire que vous ne pensez, Madame ; vous ne savez pas à qui vous avez affaire : ce Monsieur-là n'est pas si friand de la sagesse, que des filles sages ; et je vous avertis qu'il veut déniaiser la vôtre.

LÉONTINE, *faisant signe à Phocion.*

Que veux-tu dire, Arlequin ? Rien ne m'annonce ce
que tu dis là ; et c'est une plaisanterie que tu fais.

ARLEQUIN

Oh ! que nenni ! Tenez, Madame, tantôt son valet,
qui est un autre espiègle, est venu me dire : Eh bien,
qu'est-ce ? Y a-t-il moyen d'être amis ensemble ? Oh !
de tout mon cœur. Que vous êtes heureux d'être ici !
Pas mal. Les honnêtes gens que vos maîtres ! Admirables. Que votre maîtresse est aimable ! Oh ! divine.
Eh ! dites-moi, a-t-elle eu des *amants ? Tant qu'elle
en a voulu. En a-t-elle à cette heure ? Tant qu'elle en
veut. En aura-t-elle encore ? Tant qu'elle en voudra.
A-t-elle envie de se marier ? Elle ne me dit pas ses
envies. Restera-t-elle fille ? Je ne garantis rien. Qui
est-ce qui la voit, qui est-ce qui ne la voit pas ? Vient-il
quelqu'un, ne vient-il personne ? Et par-ci et par-là.
Est-ce que votre maître en est amoureux ? Chut, il en
perd l'esprit : nous ne restons ici que pour lui avoir le
cœur, afin qu'elle nous épouse ; car nous avons des
richesses et des flammes, plus qu'il n'en faut pour dix
ménages.

PHOCION

N'en as-tu pas dit assez ?

ARLEQUIN

Voyez comme il s'en soucie ; il vous donnera le
supplément, si vous voulez.

LÉONTINE

N'est-il pas vrai, seigneur Phocion, qu'Hermidas
n'a fait que s'amuser en lui disant cela ? Phocion ne
répond rien !

ARLEQUIN

Ahi! Ahi! La voix vous manque, ma chère maîtresse : votre cœur prend congé de la compagnie, on le pille actuellement, et je vais faire venir le seigneur Hermocrate à votre secours.

LÉONTINE

Arrête, Arlequin, où vas-tu ? Je ne veux point qu'il sache qu'on me parle d'amour.

ARLEQUIN

Oh! puisque le fripon est de vos amis, ce n'est pas la peine de crier au voleur. Que la sagesse s'accommode ; mariez-vous ; il y aura encore de la place pour elle : le métier de brave femme a bien son mérite. Adieu, Madame ; n'oubliez pas la discrétion de votre petit serviteur, qui vous fait ses compliments, et qui ne dira mot.

PHOCION

Va, je me charge de payer ton silence.

LÉONTINE

Où suis-je ? Tout ceci me paraît un songe : voyez à quoi vous m'exposez ; mais qui vient encore ?

SCÈNE VII

HERMIDAS, LÉONTINE, PHOCION

HERMIDAS, *apportant*
un portrait qu'elle donne à Phocion.

Je vous apporte ce que vous m'avez demandé, Seigneur ; voyez si vous en êtes content : il serait encore mieux si j'avais travaillé d'après la personne présente.

PHOCION

Pourquoi me l'apporter devant Madame? Mais
voyons : oui, la physionomie s'y trouve ; voilà cet air
noble et fin, et tout le feu de ses yeux ; il me semble
pourtant qu'ils sont encore un peu plus vifs.

LÉONTINE

C'est *apparemment d'un portrait dont vous
parlez, Seigneur ?

PHOCION

Oui, Madame.

HERMIDAS

Donnez, Seigneur ; j'observerai ce que vous dites là.

LÉONTINE

Peut-on le voir avant qu'on l'emporte ?

PHOCION

Il n'est pas achevé, Madame.

LÉONTINE

Puisque vous avez vos raisons pour ne le pas
montrer, je n'insiste plus.

PHOCION

Le voilà, Madame. Vous me le rendrez, au moins.

LÉONTINE

Que vois-je ! c'est le mien ?

PHOCION

Je ne veux jamais vous perdre de vue : la moindre
absence m'est douloureuse, ne durât-elle qu'un

moment ; et ce portrait me l'adoucira : cependant vous le gardez.

LÉONTINE

Je ne devrais pas vous le rendre ; mais tant d'amour m'en ôte le courage.

PHOCION

Cet amour ne vous en inspire-t-il pas un peu ?

LÉONTINE, *soupirant.*

Hélas ! je n'en voulais point ; mais je n'en serai peut-être pas la maîtresse !

PHOCION

Ah ! de quelle joie vous me comblez !

LÉONTINE

Est-il donc arrêté que je vous aimerai ?

PHOCION

Ne me promettez point votre cœur ; dites que je l'ai, Léontine.

LÉONTINE, *toujours émue.*

Je ne dirais que trop vrai, Phocion !

PHOCION

Je resterai donc, et vous parlerez à Hermocrate.

LÉONTINE

Il le faudra bien, pour me donner le temps de me résoudre à notre union !

HERMIDAS

Cessez cet entretien ; je vois Dimas qui vient.

LÉONTINE

Je me sens dans une émotion de cœur, où je ne veux pas qu'on me voie. Adieu, Phocion, ne vous inquiétez pas ; je me charge du consentement de mon frère.

SCÈNE VIII

HERMIDAS, PHOCION, DIMAS

DIMAS

Velà le philosophe qui se pourmène envars ici tout rêvant ; faites-nous de la *marge, et laissez-nous le tarrain, pour à celle fin que je l'y en baille encore d'une venue.

PHOCION

Courage, Dimas, je me retire et reviendrai quand il sera parti.

SCÈNE IX

HERMOCRATE, DIMAS

HERMOCRATE

N'as-tu pas vu Phocion ?

DIMAS

Non, mais j'allions vous rendre compte à son sujet.

HERMOCRATE

Eh bien, as-tu découvert quelque chose ? Est-il souvent avec Agis ? Cherche-t-il à le voir ?

DIMAS

Oh que non, il a ma foi bian d'autres tracas dans la çarvelle.

HERMOCRATE, *à part les premiers mots.*

Ce début me fait craindre le reste. De quoi s'agit-il ?

DIMAS

Il s'agit morgué qu'ou avez bian du mérite, et que faut admirer voute science, voute vartu et voute bonne mine.

HERMOCRATE

Eh ! d'où vient ton enthousiasme là-dessus ?

DIMAS

C'est que je compare voute face à ce qui arrive ; c'est qu'il se passe des choses émerveillables, et qui portons la signifiance de la rareté de voute parsonne ; c'est qu'en se meurt, en soupire. Hélas ! ce dit-on, que je l'aime ce cher homme, cet agriable homme.

HERMOCRATE

Je ne sais de qui tu me parles.

DIMAS

Par ma foi c'est de vous, et pis d'un garçon qui n'est qu'une fille.

HERMOCRATE

Je n'en connais point ici.

DIMAS

Vous connaissez bian Phocion ? Eh bian, il n'y a que son habit qui est un homme, le reste est une fille.

HERMOCRATE

Que me dis-tu là !

DIMAS

* Tatigué ! qu'alle est remplie de charmes ! Morgué qu'ou êtes heureux ; car tous ces charmes-là, devinez leur intention ? Je les avons entendus raisonner : ils disont comme ça, qu'ils se gardont pour l'homme le pus mortel... Non, non je me trompe, pour le mortel le pus parfait qui se treuve parmi les mortels de tous les hommes, qui s'appelle Hermocrate.

HERMOCRATE

Qui, moi !

DIMAS

Acoutez, acoutez.

HERMOCRATE

Que me va-t-il dire encore ?

DIMAS

Comme je charchions tantôt à obéir à voute commandement, je l'avons vu qui coupait dans le taillis avec son valet Hermidas, qui est itou un * acabit de garçon de la même étoffe. Moi, tout * ballement, je traverse le taillis par un autre côté, et pis je les entends deviser ; et pis Phocion commence : Ah velà qui est fait, Corine ; il n'y a pus de guarison pour moi, ma mie ; je l'aime trop cet homme-là, je ne saurais pus que faire ni que dire : Eh mais pourtant, Madame, vous êtes si belle : Eh bian cette biauté queu profit me fait-elle, pisqu'il veut que je m'en retorne. Eh mais patience, Madame. Eh mais où est-il ? mais que fait-il ? où se tiant la sagesse de sa parsonne ?

HERMOCRATE, *ému.*

Arrête, Dimas.

DIMAS

Je sis à la fin. Mais que vous dit-il quand vous li parlez, Madame ? Eh mais il me gronde, et moi je me fâche, ma fille. Il me représente qu'il est sage ; et moi itou, ce lui fais-je : Mais je vous plains, ce me fait-il : Mais me velà bian *refaite, ce li dis-je. Eh mais n'avez-vous pas honte ? ce me fait-il : Eh bian qu'est-ce que ça m'avance ? ce li fais-je. Mais voute vartu, Madame ? Mais mon tourment, Monsieur ? Est-ce que les vartus ne se marions pas ensemble ?

HERMOCRATE

Il me suffit, te dis-je, c'en est assez.

DIMAS

Je sis d'avis que vous guarissiez cet enfant-là, noute maître, en tombant itou malade pour elle, et pis la prenre pour minagère ; car en restant garçon, ça entarre la lignée d'un homme, et ce serait dommage de l'entarrement de la vôtre. Mais en parlant par similitude, n'y aurait-il pas moyen par voute moyen de me recommander à l'affection de la femme de chambre, à cause que je savons toutes ces fredaines-là, et que je n'en sonnons mot ?

HERMOCRATE, *les premiers mots à part.*

Il ne me manquait plus que d'essuyer ce compliment-là ! Sois discret, Dimas, je te l'ordonne : il serait fâcheux pour la personne en question que cette aventure-ci fût connue ; et de mon côté, je vais y mettre ordre en la renvoyant... Ah !

SCÈNE X

PHOCION, DIMAS

PHOCION

Hé bien, Dimas, que pense Hermocrate ?

DIMAS

Li, il prétend vous garder.

PHOCION

Tant mieux.

DIMAS

Et pis, il ne prétend pas que vous restiais.

PHOCION

Je ne t'entends plus.

DIMAS

Eh pargué c'est qu'il ne s'entend pas li-même ; il ne voit plus goutte à ce qu'il veut. Ouf, velà sa darnière parole : toute sa philosophie est à vau l'iau, il n'y en reste pas une once.

PHOCION

Il faudra bien qu'il me cède ce reste-là : un portrait vient de terrasser la prud'homie de la sœur, j'en ai encore un au service du frère ; car toute sa raison ne mérite pas les frais d'un nouveau stratagème. Cependant Agis m'évite ; je ne l'ai presque point vu depuis qu'il sait qui je suis. Il parlait tout à l'heure à Corine, peut-être me cherche-t-il.

DIMAS

Vous l'avez deviné, car le velà qui arrive. Mais, Madame, ayez toujours souvenance que ma fortune est au bout de l'histoire.

PHOCION

Tu peux la compter faite.

DIMAS

Grand marci à vous.

SCÈNE XI

AGIS, PHOCION

AGIS

Quoi, Aspasie! vous me fuyez quand je vous aborde?

PHOCION

C'est que je me suis tantôt aperçue que vous me fuyiez aussi.

AGIS

J'en conviens; mais j'avais une inquiétude qui m'agitait, et qui me dure encore.

PHOCION

Peut-on la savoir?

AGIS

Il y a une personne que j'aime; mais j'ignore si ce que je sens pour elle est amitié ou amour; car j'en suis là-dessus, à mon apprentissage ; et je venais vous prier de m'instruire.

PHOCION

Mais je connais cette personne-là, je pense.

AGIS

Cela ne vous est pas difficile ; quand vous êtes venue ici, vous savez que je n'aimais rien.

PHOCION

Oui ; et depuis que j'y suis, vous n'avez vu que moi.

AGIS

Concluez donc.

PHOCION

Eh bien, c'est moi ; cela va * tout de suite.

AGIS

Oui c'est vous, Aspasie, et je vous demande à quoi j'en suis.

PHOCION

Je n'en sais pas le mot : dites-moi à quoi j'en suis moi-même ; car je suis dans le même cas pour quelqu'un que j'aime.

AGIS

Eh ! pour qui donc, Aspasie ?

PHOCION

Pour qui ? Les raisons qui m'ont fait conclure que vous m'aimiez ne nous sont-elles pas communes, et ne pouvez-vous pas conclure tout seul ?

AGIS

Il est vrai que vous n'aviez point encore aimé quand vous êtes arrivée.

PHOCION

Je ne suis plus de même, et je n'ai vu que vous. Le reste est clair.

AGIS

C'est donc pour moi que votre cœur est en peine, Aspasie?

PHOCION

Oui ; mais tout cela ne nous rend pas plus savants : nous nous aimions avant que d'être inquiets ; nous aimons-nous de même, ou bien différemment ? c'est de quoi il est question.

AGIS

Si nous nous disions ce que nous sentons, peut-être éclaircirions-nous la chose.

PHOCION

Voyons donc. Aviez-vous tantôt de la peine à m'éviter ?

AGIS

Une peine infinie.

PHOCION

Cela commence mal. Ne m'évitiez-vous pas à cause que vous aviez le cœur troublé, avec des sentiments que vous n'osiez pas me dire ?

AGIS

Me voilà ; vous me pénétrez à merveille.

PHOCION

Oui vous voilà : mais je vous avertis que votre cœur n'en ira pas mieux ; et que voilà encore des yeux qui ne me pronostiquent rien de bon là-dessus.

AGIS

Ils vous regardent avec un grand plaisir ; avec un plaisir qui va jusqu'à l'émotion.

PHOCION

Allons, allons, c'est de l'amour ; il est inutile de vous interroger davantage.

AGIS

Je donnerais ma vie pour vous ; j'en donnerais mille si je les avais.

PHOCION

Preuve sur preuve : amour dans l'expression, amour dans les sentiments, dans les regards ; amour s'il en fut jamais.

AGIS

Amour comme il n'en est point, peut-être. Mais je vous ai dit ce qui se passe dans mon cœur, ne saurais-je point ce qui se passe dans le vôtre ?

PHOCION

Doucement, Agis ; une personne de mon sexe parle de son amitié tant qu'on veut, mais de son amour jamais. D'ailleurs, vous n'êtes déjà que trop tendre, que trop embarrassé de votre tendresse, et si je vous disais mon secret, ce serait encore pis.

AGIS

Vous avez parlé de mes yeux ; il semble que les vôtres m'apprennent que vous n'êtes pas insensible.

PHOCION

Oh! pour de mes yeux, je n'en réponds point; ils peuvent bien vous dire que je vous aime; mais je n'aurai pas à me reprocher de vous l'avoir dit, moi.

AGIS

Juste ciel! dans quel abîme de passion le charme de ce discours-là ne me jette-t-il point! vos sentiments ressemblent aux miens.

PHOCION

Oui, cela est vrai; vous l'avez deviné, et ce n'est pas ma faute. Mais ce n'est pas le tout que d'aimer, il faut avoir la liberté de se le dire, et se mettre en état de se le dire toujours. Et le seigneur Hermocrate qui vous *gouverne...

AGIS

Je le respecte et je l'aime. Mais je sens déjà, que les cœurs n'ont point de maître. Cependant, il faut que je le voie avant qu'il vous parle; car il pourrait bien vous renvoyer dès aujourd'hui, et nous avons besoin d'un peu de temps pour voir ce que nous ferons.

DIMAS *paraît dans l'enfoncement du théâtre sans approcher, et chante pour avertir de finir la conversation.*

Ta ra ta la ra.

PHOCION

C'est bien dit, Agis : allez-y dès ce moment; il faudra bien nous retrouver, car j'ai bien des choses à vous dire.

AGIS

Et moi aussi.

PHOCION

Partez : quand on nous voit longtemps ensemble, j'ai toujours peur qu'on ne se doute de ce que je suis. Adieu.

AGIS

Je vous laisse, aimable Aspasie ; et vais travailler pour votre séjour ici : Hermocrate ne sera peut-être plus occupé.

SCÈNE XII

PHOCION, HERMOCRATE, DIMAS

DIMAS, *disant rapidement à Phocion.*

Il a morgué bian fait de s'en aller, car velà le jaloux qui arrive.
Dimas se retire.

PHOCION

Vous paraissez donc enfin, Hermocrate. Pour dissiper le penchant qui m'occupe, n'avez-vous imaginé que l'ennui où vous me laissez ? il ne vous réussira pas, je n'en suis que plus triste, et n'en suis pas moins tendre.

HERMOCRATE

Différentes affaires m'ont retenu, Aspasie ; mais il ne s'agit plus de penchant, votre séjour ici est désormais impraticable ; il vous ferait tort ; Dimas sait qui vous êtes. Vous dirai-je plus ? il sait le secret de votre cœur : il vous a entendu ; ne nous fions ni l'un ni l'autre à la discrétion de ses pareils. Il y va de votre * gloire, il faut vous retirer.

PHOCION

Me retirer, Seigneur! Eh! dans quel état me renvoyez-vous! Avec mille fois plus de trouble que je n'en avais. Qu'avez-vous fait pour me guérir? À quel vertueux secours ai-je reconnu le sage Hermocrate?

HERMOCRATE

Que votre trouble finisse à ce que je vais vous dire. Vous m'avez cru sage; vous m'avez aimé sur ce * pied-là: je ne le suis point. Un vrai sage croirait en effet sa vertu comptable de votre repos; mais savez-vous pourquoi je vous renvoie? C'est que j'ai peur que votre secret n'éclate, et ne nuise à l'estime qu'on a pour moi; c'est que je vous sacrifie à l'orgueilleuse crainte de ne pas paraître vertueux, sans me soucier de l'être; c'est que je ne suis qu'un homme vain, qu'un superbe, à qui la sagesse est moins chère que la méprisable et frauduleuse imitation qu'il en fait. Voilà ce que c'est que l'objet de votre amour.

PHOCION

Eh! je ne l'ai jamais tant admiré!

HERMOCRATE

Comment donc!

PHOCION

Ah Seigneur! N'avez-vous que cette * industrie-là contre moi? Vous augmentez mes faiblesses, en exposant l'opprobre dont vous avez l'impitoyable courage de couvrir les vôtres. Vous dites que vous n'êtes point sage! Et vous étonnez ma raison par la preuve sublime que vous me donnez du contraire!

HERMOCRATE

Attendez, Madame. M'avez-vous cru susceptible de tous les ravages que l'amour fait dans le cœur des

autres hommes? Eh bien, l'âme la plus vile, les
amants les plus vulgaires, la jeunesse la plus folle
n'éprouve point d'agitations que je n'aie senties;
inquiétudes, jalousies, transports, m'ont agité tour à
tour. Reconnaissez-vous Hermocrate à ce portrait?
L'univers est plein de gens qui me ressemblent.
Perdez donc un amour que tout homme pris au hasard
mérite autant que moi, Madame.

PHOCION

Non, je le répète encore, si les dieux pouvaient être
faibles, ils le seraient comme Hermocrate! Jamais il ne
fut plus grand, jamais plus digne de mon amour, et
jamais mon amour plus digne de lui! Juste ciel! Vous
parlez de ma gloire : en est-il qui vale celle de vous
avoir causé le moindre des *mouvements que vous
dites? Non, c'en est fait, Seigneur, je ne vous
demande plus le repos de mon cœur; vous me le
rendez par l'aveu que vous me faites : vous m'aimez,
je suis tranquille et charmée. Vous me garantissez
notre union.

HERMOCRATE

Il me reste un mot à vous dire, et je finis par là. Je
révélerai votre secret; je déshonorerai cet homme que
vous admirez; et son affront rejaillira sur vous-même,
si vous ne partez.

PHOCION

Eh bien, Seigneur, je pars : mais je suis sûre de ma
vengeance; puisque vous m'aimez, votre cœur me la
garde. Allez, désespérez le mien; fuyez un amour qui
pouvait faire la douceur de votre vie, et qui va faire le
malheur de la mienne. Jouissez, si vous voulez, d'une
sagesse sauvage dont mon infortune va vous assurer la
durée cruelle. Je suis venue vous demander du secours
contre mon amour; vous ne m'en avez point donné
d'autre que m'avouer que vous m'aimiez : c'est après

cet aveu que vous me renvoyez ; après un aveu qui
redouble ma tendresse ! Les dieux détesteront cette
même sagesse conservée aux dépens d'un jeune cœur
que vous avez trompé, dont vous avez trahi la
confiance, dont vous n'avez point respecté les intentions vertueuses, et qui n'a servi que de victime à la
férocité de vos opinions !

HERMOCRATE

Modérez vos cris, Madame ; on vient à nous.

PHOCION

Vous me désolez, et vous voulez que je me taise !

HERMOCRATE

Vous m'attendrissez plus que vous ne pensez ; mais
n'*éclatez point.

SCÈNE XIII

ARLEQUIN, HERMIDAS, PHOCION,
HERMOCRATE

HERMIDAS, *courant après Arlequin.*

Rendez-moi donc cela : de quel droit le retenez-
vous ? Qu'est-ce que cela signifie ?

ARLEQUIN

Non, morbleu ; ma *fidélité n'entend point raille-
rie ; il faut que j'avertisse mon maître.

HERMOCRATE, *à Arlequin.*

Que veut dire le bruit que vous faites ? De quoi
s'agit-il là ? Qu'est-ce que c'est qu'Hermidas te
demande ?

ARLEQUIN

J'ai découvert un micmac, Seigneur Hermocrate : il s'agit d'une affaire de conséquence ; il n'y a que le Diable et ces personnages-là qui le sachent ; mais il faut voir ce que c'est.

HERMOCRATE

Explique-toi.

ARLEQUIN

Je viens de trouver ce petit garçon qui était dans la posture d'un homme qui écrit : il rêvait, secouait la tête, * mirait son ouvrage ; et j'ai remarqué qu'il avait une coquille auprès de lui, où il y avait du gris, du vert, du jaune, du blanc, et où il trempait sa plume : et comme j'étais derrière lui, je me suis approché pour voir son * original de lettre [1] : mais voyez le fripon ! ce n'était point des mots ni des paroles, c'était un visage qu'il écrivait ; et ce visage-là, c'était vous, Seigneur Hermocrate.

HERMOCRATE

Moi !

ARLEQUIN

Votre propre visage, à l'exception qu'il est plus court que celui que vous portez ; le nez que vous avez ordinairement, tient lui seul plus de place que vous tout entier dans ce minois : est-ce qu'il est permis de rapetisser la face des gens, de diminuer la largeur de leur physionomie ? Tenez, regardez la mine que vous faites là-dedans.

Il lui donne un portrait.

---

1. Une édition de 1781 propose une interprétation de cette expression un peu obscure : *son originale de lettre.*

Hermocrate

Tu as bien fait, Arlequin, je ne te blâme point. Va-t'en, je vais examiner ce que cela signifie.

Arlequin

N'oubliez pas de vous faire rendre les deux tiers de votre visage.

SCÈNE XIV

Hermocrate, Phocion, Hermidas

Hermocrate

Quelle était votre idée ? pourquoi m'avez-vous donc peint ?

Hermidas

Par une raison toute naturelle, Seigneur : j'étais bien aise d'avoir le portrait d'un homme illustre, et de le montrer aux autres.

Hermocrate

Vous me faites trop d'honneur.

Hermidas

Et d'ailleurs, je savais que ce portrait ferait plaisir à une personne, à qui il ne convenait point de le demander.

Hermocrate

Eh ! cette personne, quelle est-elle ?

Hermidas

Seigneur...

PHOCION

Taisez-vous, Corine.

HERMOCRATE

Qu'entends-je ! Que dites-vous, Aspasie ?

PHOCION

N'en demandez pas davantage, Hermocrate ; faites-moi la grâce d'ignorer le reste.

HERMOCRATE

Eh ! comment à présent voulez-vous que je l'ignore ?

PHOCION

Brisons là-dessus, vous me faites rougir.

HERMOCRATE

Ce que je vois est à peine croyable ! Je ne sais plus ce que je deviens moi-même.

PHOCION

Je ne saurais * soutenir cette aventure.

HERMOCRATE

Et moi, cette épreuve-ci m'entraîne.

PHOCION

Ah ! Corine, pourquoi avez-vous été surprise ?

HERMOCRATE

Vous triomphez, Aspasie ; vous l'emportez ; je me rends.

PHOCION

Sur ce * pied-là, je vous pardonne la confusion dont
ma victoire me couvre.

HERMOCRATE

Reprenez ce portrait, il vous appartient, Madame.

PHOCION

Non, je ne le reprendrai point que ce ne soit votre
cœur qui me l'abandonne.

HERMOCRATE

Rien ne doit vous empêcher de le reprendre.

PHOCION, *tirant le sien, le lui donne.*

Sur ce pied-là, vous devez estimer le mien, et le
voilà ; marquez-moi qu'il vous est cher.

HERMOCRATE, *l'approche de sa bouche.*

Me trouvez-vous assez humilié ? je ne vous dispute
plus rien.

HERMIDAS

Il y manque encore quelque chose. Si le seigneur
Hermocrate voulait souffrir que je le finisse, il ne
faudrait qu'un instant pour cela.

PHOCION

Puisque nous sommes seuls, et qu'il ne s'agit que
d'un instant, ne le refusez pas, Seigneur.

HERMOCRATE

Aspasie, ne m'exposez point à ce risque-là ; quelqu'un pourrait nous surprendre.

PHOCION

C'est l'instant où je triomphe, dites-vous ; ne le laissons pas perdre, il est précieux : vos yeux me regardent avec une tendresse que je voudrais bien qu'on recueillît, afin d'en conserver l'image. Vous ne voyez point vos regards, ils sont charmants, Seigneur. Achève, Corine, achève.

HERMIDAS

Seigneur, un peu de côté, je vous prie ; daignez m'envisager.

HERMOCRATE

Ah ciel ! à quoi me réduisez-vous !

PHOCION

Votre cœur rougit-il des présents qu'il fait au mien ?

HERMIDAS

Levez un peu la tête, Seigneur.

HERMOCRATE

Vous le voulez, Aspasie ?

HERMIDAS

Tournez un peu à droite.

HERMOCRATE

Cessez, Agis approche. Sortez, Hermidas.

SCÈNE XV

HERMOCRATE, AGIS, PHOCION

AGIS

Je venais vous prier, Seigneur, de nous laisser
Phocion pour quelque temps ; mais j'augure que vous
y consentez, et qu'il est inutile que je vous en parle.

HERMOCRATE, *d'un ton inquiet.*

Vous souhaitez donc qu'il reste, Agis ?

AGIS

Je vous avoue que j'aurais été très fâché qu'il partît,
et que rien ne saurait me faire tant de plaisir que son
séjour ici ; on ne saurait le connaître sans l'estimer, et
l'amitié suit aisément l'estime.

HERMOCRATE

J'ignorais que vous fussiez déjà si charmés l'un de
l'autre.

PHOCION

Nos entretiens, en effet, n'ont pas été fréquents.

AGIS

Peut-être que j'interromps la conversation que vous
avez ensemble, et c'est à quoi j'attribue la froideur
avec laquelle vous m'écoutez ; ainsi je me retire.

SCÈNE XVI

PHOCION, HERMOCRATE

HERMOCRATE

Que signifie cet empressement d'Agis ? Je ne sais ce que j'en dois croire ; depuis qu'il est avec moi, je n'ai rien vu qui l'intéressât tant que vous : vous connaît-il ? lui avez-vous découvert qui vous êtes, et m'abuse-riez-vous ?

PHOCION

Ah ! Seigneur, vous me comblez de joie : vous m'avez dit que vous aviez été jaloux ; il ne me restait plus que le plaisir de le voir moi-même, et vous me le donnez : mon cœur vous remercie de l'injustice que vous me faites. Hermocrate est jaloux, il me chérit, il m'adore ! Il est injuste, mais il m'aime ; qu'importe à quel prix il me le témoigne ! Il s'agit pourtant de me justifier : Agis n'est pas loin, je le vois encore ; qu'il revienne, rappelons-le, Seigneur ; je vais le chercher moi-même, je vais lui parler, et vous verrez si je mérite vos soupçons.

HERMOCRATE

Non, Aspasie, je reconnais mon erreur, votre franchise me rassure ; ne l'appelez pas, je me rends ; il ne faut pas encore que l'on sache que je vous aime : laissez-moi le temps de disposer tout.

PHOCION

J'y consens : voici votre sœur, et je vous laisse ensemble. *(À part.)* J'ai pitié de sa faiblesse, ô ciel ! pardonne mon artifice !

SCÈNE XVII

HERMOCRATE, LÉONTINE

LÉONTINE

Ah ! vous voilà, mon frère ; je vous demande à tout le monde.

HERMOCRATE

Que me voulez-vous, Léontine ?

LÉONTINE

À quoi en êtes-vous avec Phocion ? Êtes-vous toujours dans le dessein de le renvoyer ? Il m'a tantôt marqué tant d'estime pour vous, il m'en a dit tant de bien, que je lui ai promis qu'il resterait, et que vous y consentiriez ; je lui ai donné ma parole : son séjour sera court, et ce n'est pas la peine de m'en dédire.

HERMOCRATE

Non, Léontine ; vous savez mes égards pour vous, et je ne vous en dédirai point : dès que vous avez promis, il n'y a plus de réplique ; il restera tant qu'il voudra, ma sœur.

LÉONTINE

Je vous rends grâces de votre complaisance, mon frère ; et en vérité, Phocion mérite bien qu'on l'oblige.

HERMOCRATE

Je * sens tout ce qu'il vaut.

LÉONTINE

D'ailleurs, je regarde que c'est en passant un amusement pour Agis, qui vit dans une solitude dont on se rebute quelquefois à son âge.

HERMOCRATE

Quelquefois à tout âge.

LÉONTINE

Vous avez raison ; on y a des moments de tristesse.
Je m'y ennuie souvent moi-même : j'ai le courage de
vous le dire.

HERMOCRATE

Qu'appelez-vous courage ? Eh ! qui est-ce qui ne s'y
ennuierait pas ? N'est-on pas né pour la société ?

LÉONTINE

Écoutez, on ne sait pas ce qu'on fait quand on se
confine dans la retraite ; et nous avons été bien vite
quand nous avons pris un parti si dur.

HERMOCRATE

Allez, ma sœur, je n'en * suis pas à faire cette
réflexion-là.

LÉONTINE

Après tout, le mal n'est pas sans remède ; heureusement on peut se raviser.

HERMOCRATE

Oh ! fort bien.

LÉONTINE

Un homme à votre âge sera partout le bienvenu,
quand il voudra changer d'état.

HERMOCRATE

Et vous qui êtes aimable et plus jeune que moi, je ne
suis pas en peine de vous non plus.

LÉONTINE

Oui, mon frère, peu de jeunes gens vont de pair avec vous ; et le don de votre cœur ne sera pas négligé.

HERMOCRATE

Et moi je vous assure qu'on n'attendra pas d'avoir le vôtre, pour vous donner le sien.

LÉONTINE

Vous ne seriez donc pas étonné que j'eusse quelques vues ?

HERMOCRATE

J'ai toujours été surprise que vous n'en eussiez pas.

LÉONTINE

Mais, vous qui parlez, pourquoi n'en auriez-vous pas aussi ?

HERMOCRATE

Eh ! que sait-on ? Peut-être en aurais-je.

LÉONTINE

J'en serais charmée, Hermocrate ; nous n'avons pas plus de raison que les dieux qui ont établi le mariage : et je crois qu'un mari vaut bien un solitaire. Pensez-y ; une autre fois nous en dirons davantage. Adieu.

HERMOCRATE

J'ai quelques ordres à donner, et je vous suis. (À part.) À ce que je vois, nous sommes tous deux en bel état, Léontine et moi. Je ne sais à qui elle en veut : peut-être est-ce à quelqu'un aussi jeune pour elle, que l'est Aspasie pour moi. Que nous sommes faibles ! Mais il faut remplir sa destinée.

ACTE III

SCÈNE PREMIÈRE

Phocion, Hermidas

Phocion

Viens que je te parle, Corine. Tout me répond d'un succès infaillible : je n'ai plus qu'un léger entretien à avoir avec Agis ; il le désire autant que moi. Croirais-tu pourtant, que nous n'avons pu y parvenir ni l'un ni l'autre ? Hermocrate et sa sœur m'ont obsédée tour à tour : ils doivent tous deux m'épouser en secret : je ne sais combien de mesures sont prises pour ces mariages imaginaires. Non, on ne saurait croire combien l'amour égare ces têtes qu'on appelle sages ; et il a fallu tout écouter, parce que je n'ai pas encore terminé avec Agis. Il m'aime tendrement comme Aspasie : pourrait-il me haïr comme Léonide ?

Hermidas

Non, Madame, achevez ; la Princesse Léonide, après tout ce qu'elle a fait, doit lui paraître encore plus aimable qu'Aspasie.

Phocion

Je pense comme toi : mais sa famille a péri par la mienne.

Hermidas

Votre père hérita du trône, et ne l'a pas ravi.

Phocion

Que veux-tu ? J'aime et je crains. Je vais pourtant agir comme certaine du succès. Mais, dis-moi, as-tu fait porter mes lettres au château ?

HERMIDAS

Oui, Madame ; Dimas, sans savoir pourquoi, m'a
fourni un homme à qui je les ai remises ; et comme la
distance d'ici au château est petite, vous aurez bientôt
des nouvelles. Mais quel ordre donnez-vous au Seigneur Ariston, à qui s'adressent vos lettres ?

PHOCION

Je lui dis de suivre celui qui les rendra ; d'arriver ici
avec ses gardes et mon équipage : ce n'est qu'en
prince que je veux qu'Agis sorte de ces lieux. Et toi,
Corine, pendant que je t'attends ici, va te poster à
l'entrée du jardin où doit arriver Ariston ; et viens
m'avertir dès qu'il sera venu. Va, pars, et mets le
comble à tous les services que tu m'as rendus.

HERMIDAS

Je me sauve. Mais vous n'êtes pas quitte de
Léontine ; la voilà qui vous cherche.

SCÈNE II

LÉONTINE, PHOCION

LÉONTINE

J'ai un mot à vous dire, mon cher Phocion, le sort
en est jeté ; nos embarras vont finir.

PHOCION

Oui, grâces au ciel.

LÉONTINE

Je ne dépends que de moi, nous allons être pour
jamais unis. Je vous ai dit que c'est un spectacle que je
ne voulais pas donner ici, mais les mesures que nous

avons prises ne me paraissent pas décentes ; vous avez envoyé chercher un équipage qui doit nous attendre à quelques pas de la maison, n'est-il pas vrai ? Ne vaudrait-il pas mieux, au lieu de nous en aller ensemble, que je partisse la première, et que je me rendisse à la ville en vous attendant ?

PHOCION

Oui-da, vous avez raison ; partez, c'est fort bien dit.

LÉONTINE

Je vais, dès cet instant, me mettre en état de cela, et dans deux heures je ne serai pas ici ; mais, Phocion, hâtez-vous de me suivre.

PHOCION

Commencez par me quitter, pour vous hâtez vous-même.

LÉONTINE

Que d'amour ne me devez-vous pas !

PHOCION

Je sais que le vôtre est impayable, mais ne vous amusez point.

LÉONTINE

Il n'y avait que vous dans le monde, capable de m'engager à la démarche que je fais.

PHOCION

La démarche est innocente, et vous n'y courez aucun hasard : allez vous y préparer.

LÉONTINE

J'aime à voir votre empressement ; puisse-t-il durer toujours !

PHOCION

Et puissiez-vous y répondre par le vôtre, car votre lenteur m'impatiente.

LÉONTINE

Je vous avoue que je ne sais quoi de triste s'empare quelquefois de moi.

PHOCION

Ces réflexions-là sont-elles de saison ? je ne me sens que de la joie, moi.

LÉONTINE

Ne vous impatientez plus, je pars : car voici mon frère, que je ne veux point voir dans ce moment-ci.

PHOCION

Encore ce frère ! ce ne sera donc jamais fait ?

SCÈNE III

HERMOCRATE, PHOCION

PHOCION

Eh bien ! Hermocrate, je vous croyais occupé à vous arranger pour votre départ.

HERMOCRATE

Ah ! charmante Aspasie, si vous saviez combien je suis * combattu !

PHOCION

Ah ! si vous saviez combien je suis lasse de vous combattre ! qu'est-ce que cela signifie ? on n'est jamais sûr de rien avec vous.

HERMOCRATE

Pardonnez ces agitations à un homme dont le cœur promettait plus de force.

PHOCION

Eh ! votre cœur fait bien des façons, Hermocrate ; soyez agité tant que vous voudrez, mais partez, puisque vous ne voulez pas faire le mariage ici.

HERMOCRATE

Ah !

PHOCION

Ce soupir-là * n'expédie rien.

HERMOCRATE

Il me reste encore une chose à vous dire, et qui m'embarrasse beaucoup.

PHOCION

Vous ne finissez rien, il y a toujours un reste.

HERMOCRATE

Vous confierai-je tout ? je vous ai abandonné mon cœur, et je vais être à vous, ainsi il n'y a plus rien à vous cacher.

PHOCION

Après.

HERMOCRATE

J'élève Agis depuis l'âge de huit ans ; je ne saurais le quitter si tôt, souffrez qu'il vive avec nous quelque temps, et qu'il vienne nous retrouver.

PHOCION

Eh ! qui est-il donc ?

HERMOCRATE

Nos intérêts vont devenir communs : apprenez un
grand secret. Vous avez entendu parler de Cléomène ?
Agis est son fils échappé de la prison dès son enfance.

PHOCION

Votre confidence est en de bonnes mains.

HERMOCRATE

Jugez avec combien de soin il faut que je le cache, et
de ce qu'il deviendrait entre les mains d'une Princesse
qui le fait chercher à son tour, et qui apparemment ne
respire que sa mort.

PHOCION

Elle passe pourtant pour équitable et généreuse.

HERMOCRATE

Je ne m'y fierais pas ; elle est née d'un sang qui n'est
ni l'un ni l'autre.

PHOCION

On dit qu'elle épouserait Agis, si elle le connaissait,
d'autant plus qu'ils sont du même âge.

HERMOCRATE

Quand il serait possible qu'elle le voulût, la juste
haine qu'il a pour elle l'en empêcherait.

PHOCION

J'aurais cru que la gloire de pardonner à ses
ennemis, valait bien l'honneur de les haïr toujours,

surtout quand ces ennemis sont innocents du mal qu'on nous a fait.

HERMOCRATE

S'il n'y avait pas un trône à gagner en pardonnant, vous auriez raison, mais le prix du pardon gâte tout ; quoi qu'il en soit, il ne s'agit pas de cela.

PHOCION

Agis aura lieu d'être content.

HERMOCRATE

Il ne sera pas longtemps avec nous ; nos amis fomentent une guerre chez l'ennemi, auquel il se joindra ; les choses s'avancent, et peut-être bientôt les verra-t-on changer de face.

PHOCION

Se défera-t-on de la Princesse ?

HERMOCRATE

Elle n'est que l'héritière des coupables ; ce serait là se venger d'un crime par un autre, et Agis n'en est point capable : il suffira de la vaincre.

PHOCION

Voilà, je pense, tout ce que vous avez à me dire ; allez prendre vos mesures pour partir.

HERMOCRATE

Adieu, chère Aspasie, je n'ai plus qu'une heure ou deux à demeurer ici.

SCÈNE IV

PHOCION, ARLEQUIN, DIMAS

PHOCION

Enfin, serai-je libre ? Je suis persuadée qu'Agis attend le moment de pouvoir me parler ; cette haine qu'il a pour moi, me fait trembler pourtant : mais que veulent encore ces domestiques ?

ARLEQUIN

Je suis votre serviteur, Madame.

DIMAS

Je vous saluons, Madame.

PHOCION

Doucement donc.

DIMAS

N'appriandez rin, je sommes seuls.

PHOCION

Que me voulez-vous ?

ARLEQUIN

Une petite bagatelle.

DIMAS

Oui, je venons ici tant seulement pour régler nos comptes.

ARLEQUIN

Pour voir comment nous sommes ensemble.

PHOCION

Eh ! de quoi est-il question ? faites vite, car je suis pressée.

DIMAS

Ah çà, comme dit * stautre, vous avons-je fait de bonne besogne ?

PHOCION

Oui, vous m'avez bien servie tous deux.

DIMAS

Et voute ouvrage, à vous, est-il avancé ?

PHOCION

Je n'ai plus qu'un mot à dire à Agis qui m'attend.

ARLEQUIN

Fort bien ; puisqu'il vous attend, ne nous pressons pas.

DIMAS

Parlons d'affaire ; j'avons * vendu du noir, que c'est une marveille ! j'avons * affronté le tiers et le quart.

ARLEQUIN

Il n'y a point de fripons comparables à nous.

DIMAS

J'avons fait un étouffement de conscience qui était bian difficile, et qui est bian méritoire.

ARLEQUIN

Tantôt vous étiez garçon, ce qui n'était pas vrai ;
tantôt vous étiez une fille, ce que je ne savons pas [1].

DIMAS

Des amours pour sti-ci, et pis pour stelle-là. J'avons
jeté voute cœur à tout le monde, pendant qu'il n'était à
personne de tout ça.

ARLEQUIN

Des portraits pour attraper des visages que vous
donneriez pour rien, et qui ont pris le barbouillage de
leur mine pour argent comptant.

PHOCION

Mais achèverez-vous ? Où cela va-t-il ?

DIMAS

Voute manigance est bientôt finie. Combian voulez-
vous bailler de la finale ?

PHOCION

Que veux-tu dire ?

ARLEQUIN

Achetez le reste de l'aventure, nous la vendrons à
un prix raisonnable.

DIMAS

Faites marché avec nous ; ou bian je rompons tout.

---

1. H. Coulet et M. Gilot (édition citée) ont suivi l'édition de 1734
et corrigé *savons* par *savais*, arguant qu'Arlequin n'a aucune raison
d'imiter le langage paysan de Dimas. Ils n'ont sans doute pas tort,
mais un gag de plus, même fondé sur une possible coquille, n'a
jamais déparé une comédie.

PHOCION

Ne vous ai-je pas promis de faire votre fortune ?

DIMAS

Hé bian, baillez-nous voute parole en argent comptant.

ARLEQUIN

Oui ; car quand on n'a plus besoin des fripons, on les paie mal.

PHOCION

Mes enfants, vous êtes des insolents.

DIMAS

Oh ! ça se peut bian.

ARLEQUIN

Nous tombons d'accord de l'insolence.

PHOCION

Vous me fâchez ; et voici ma réponse. C'est que si vous me nuisez, si vous n'êtes pas discret, je vous ferai expier votre indiscrétion dans un cachot. Vous ne savez pas qui je suis ; et je vous avertis que j'en ai le pouvoir. Si au contraire vous gardez le silence, je tiendrai toutes les promesses que je vous ai faites. Choisissez : quant à présent, retirez-vous, je vous l'ordonne ; et réparez votre faute par une prompte obéissance.

DIMAS, à Arlequin.

Que ferons-je, camarade ? Alle me baille de la peur : continuerons-je l'insolence ?

ARLEQUIN

Non, c'est peut-être le chemin du cachot ; et j'aime encore mieux rien que quatre murailles. Partons.

SCÈNE V

PHOCION, AGIS

PHOCION, *à part.*

J'ai bien fait de les intimider. Mais voici Agis.

AGIS

Je vous retrouve donc, Aspasie, et je puis un moment vous parler en liberté. Que n'ai-je pas souffert de la contrainte où je me suis vu ! J'ai presque haï Hermocrate et Léontine de toute l'amitié qu'ils vous marquent : mais qui est-ce qui ne vous aimerait pas ? Que vous êtes aimable, Aspasie ! et qu'il m'est doux de vous aimer !

PHOCION

Que je me plais à vous l'entendre dire, Agis ! Vous saurez bientôt, à votre tour, de quel prix votre cœur est pour le mien. Mais dites-moi, cette tendresse dont la *naïveté me charme, est-elle à l'épreuve de tout ? Rien n'est-il capable de me la ravir ?

AGIS

Non ; je ne la perdrai qu'en cessant de vivre.

PHOCION

Je ne vous ai pas tout dit, Agis ; vous ne me connaissez pas encore.

AGIS

Je connais vos charmes ; je connais la douceur des sentiments de votre âme, rien ne peut m'arracher à tant d'attraits ; et c'en est assez pour vous adorer toute ma vie.

PHOCION

Ô dieux ! que d'amour : mais plus il m'est cher, et plus je crains de le perdre. Je vous ai déguisé qui j'étais ; et ma naissance vous rebutera peut-être.

AGIS

Hélas ! vous ne savez pas qui je suis moi-même, ni tout l'effroi que m'inspire pour vous la pensée d'unir mon sort au vôtre. Ô cruelle Princesse, que j'ai de raisons de te haïr !

PHOCION

Hé ! de qui parlez-vous, Agis ? Quelle Princesse haïssez-vous tant ?

AGIS

Celle qui règne, Aspasie ; mon ennemie et la vôtre. Mais quelqu'un vient qui m'empêche de continuer.

PHOCION

C'est Hermocrate. Que je le hais de nous interrompre ! Je ne vous laisse que pour un moment, Agis, et je reviens dès qu'il vous aura quitté. Ma destinée avec vous ne dépend plus que d'un mot. Vous me haïssez, sans le savoir pourtant.

AGIS

Moi, Aspasie !

PHOCION

On ne me donne pas le temps de vous en dire davantage. Finissez avec Hermocrate.

SCÈNE VI

AGIS, *seul*.

AGIS

Je n'entends rien à ce qu'elle veut dire. Quoi qu'il en soit, je ne saurais disposer de moi sans en avertir Hermocrate.

SCÈNE VII

HERMOCRATE, AGIS

HERMOCRATE

Arrêtez, Prince, il faut que je vous parle... Je ne sais par où commencer ce que j'ai à vous dire.

AGIS

Quel est donc le sujet de votre embarras, Seigneur ?

HERMOCRATE

Ce que vous n'auriez peut-être jamais imaginé ; ce que j'ai honte de vous avouer ; mais ce que, toute réflexion faite, il faut pourtant vous apprendre.

AGIS

À quoi ce discours-là nous prépare-t-il ? Que vous serait-il donc arrivé ?

HERMOCRATE

D'être aussi faible qu'un autre.

AGIS

Hé ! de quelle espèce de faiblesse s'agit-il, Seigneur ?

HERMOCRATE

De la plus pardonnable pour tout le monde, de la plus commune ; mais de la plus inattendue chez moi. Vous savez ce que je pensais de la passion qu'on appelle amour.

AGIS

Et il me semble que vous exagériez un peu là-dessus.

HERMOCRATE

Oui, cela se peut bien ; mais que voulez-vous ? Un solitaire qui médite, qui étudie, qui n'a de commerce qu'avec son esprit, et jamais avec son cœur ; un homme enveloppé de l'austérité de ses mœurs, n'est guère en état de porter son jugement sur certaines choses ; il va toujours trop loin.

AGIS

Il n'en faut pas douter, vous tombiez dans l'excès.

HERMOCRATE

Vous avez raison ; je pense comme vous : car, que ne disais-je pas ? Que cette passion était folle, extravagante, indigne d'une âme raisonnable : je l'appelais un délire ; et je ne savais ce que je disais. Ce n'était pas là consulter ni la raison, ni la nature ; c'était critiquer le ciel même.

AGIS

Oui ; car dans le fond nous sommes faits pour aimer.

HERMOCRATE

Comment donc ! c'est un sentiment sur qui tout roule.

AGIS

Un sentiment qui pourrait bien se venger un jour du
mépris que vous en avez fait.

HERMOCRATE

Vous m'en menacez trop tard.

AGIS

Pourquoi donc ?

HERMOCRATE

Je suis puni.

AGIS

Sérieusement !

HERMOCRATE

Faut-il vous dire tout ? Préparez-vous à me voir
changer bientôt d'état, à me suivre si vous m'aimez :
je pars aujourd'hui, et je me marie.

AGIS

Est-ce là le sujet de votre embarras ?

HERMOCRATE

Il n'est pas agréable de se dédire ; et je reviens de
loin.

AGIS

Et moi je vous en félicite : il vous manquait de
connaître ce que c'était que le cœur.

HERMOCRATE

J'en ai reçu une leçon qui me suffit, et je ne m'y
tromperai plus. Si vous saviez au reste avec quel excès

d'amour, avec quelle *industrie de passion on est
venu me surprendre, vous augureriez mal d'un cœur
qui ne se serait pas rendu : la sagesse n'instruit point à
être ingrat ; et je l'aurais été. On me voit plusieurs fois
dans la forêt, on prend du penchant pour moi, on
essaie de le perdre, on ne saurait : on se résout à me
parler, mais ma réputation intimide. Pour ne point
risquer un mauvais accueil, on se déguise, on change
d'habit, on devient le plus beau de tous les hommes ;
on arrive ici, on est reconnu. Je veux qu'on se retire ;
je crois même que c'est à vous à qui on en veut : on me
jure que non. Pour me convaincre, on me dit : Je vous
aime : en doutez-vous ? Ma main, ma fortune, tout est
à vous avec mon cœur : donnez-moi le vôtre, ou
guérissez le mien ; cédez à mes sentiments, ou appre-
nez-moi à les vaincre ; rendez-moi mon indifférence,
ou partagez mon amour ; et l'on me dit tout cela avec
des charmes, avec des yeux, avec des tons qui auraient
triomphé du plus féroce de tous les hommes.

AGIS, *agité*.

Mais, Seigneur, cette tendre amante qui se déguise,
l'ai-je vue ici ? Y est-elle venue ?

HERMOCRATE

Elle y est encore.

AGIS

Je n'y vois que Phocion !

HERMOCRATE

C'est elle-même : mais n'en dites mot. Voici ma
sœur qui vient.

SCÈNE VIII

LÉONTINE, HERMOCRATE, AGIS

AGIS, *à part*.

La perfide ! qu'a-t-elle prétendu en me trompant ?

LÉONTINE

Je viens vous avertir d'une petite absence que je vais faire à la ville, mon frère.

HERMOCRATE

Hé ! chez qui allez-vous donc, Léontine ?

LÉONTINE

Chez Phrosine, dont j'ai reçu des nouvelles, et qui me presse d'aller la voir.

HERMOCRATE

Nous serons tous donc tous deux absents, car je pars aussi dans une heure ; je le disais même à Agis.

LÉONTINE

Vous partez, mon frère ! hé ! chez qui allez-vous, à votre tour ?

HERMOCRATE

Rendre visite à Criton.

LÉONTINE

Quoi ! à la ville, comme moi ? il est assez particulier que nous y ayons tous deux affaire ; vous vous souvenez de ce que vous m'avez dit tantôt : votre voyage ne cache-t-il pas quelque mystère ?

HERMOCRATE

Voilà une question qui me ferait douter des motifs du vôtre ; vous vous souvenez aussi des discours que vous m'avez tenus ?

LÉONTINE

Hermocrate, parlons à cœur ouvert : tenez, nous nous pénétrons, je ne vais point chez Phrosine.

HERMOCRATE

Dès que vous parlez sur ce ton-là, je n'aurai pas moins de franchise que vous ; je ne vais point chez Criton.

LÉONTINE

C'est mon cœur qui me conduit où je vais.

HERMOCRATE

C'est le mien qui me met en voyage.

LÉONTINE

Oh ! sur ce * pied-là, je me marie.

HERMOCRATE

Eh bien, je vous en offre autant.

LÉONTINE

Tant mieux, Hermocrate, et, grâce à notre mutuelle confidence, je crois que celui que j'aime, et moi, nous nous épargnerons les frais du départ : il est ici, et puisque vous savez tout, ce n'est pas la peine de nous aller marier plus loin.

HERMOCRATE

Vous avez raison, et je ne partirai point non plus ; nos mariages se feront ensemble, car celle à qui je me donne est ici aussi.

LÉONTINE

Je ne sais pas où elle est ; pour moi, c'est Phocion
que j'épouse.

HERMOCRATE

Phocion !

LÉONTINE

Oui, Phocion.

HERMOCRATE

Qui donc ? celui qui est venu nous trouver ici ? celui
pour lequel vous me parliez tantôt ?

LÉONTINE

Je n'en connais point d'autre.

HERMOCRATE

Mais, attendez donc, je l'épouse aussi moi, et nous
ne pouvons pas l'épouser tous deux.

LÉONTINE

Vous l'épousez, dites-vous ! vous n'y rêvez pas [1].

HERMOCRATE

Rien n'est plus vrai.

LÉONTINE

Qu'est-ce que cela signifie ? Quoi ! Phocion qui
m'aime d'une tendresse infinie ; qui a fait faire mon
portrait sans que je le susse !

---

1. Vous n'y songez pas.

HERMOCRATE

Votre portrait ! ce n'est pas le vôtre, c'est le mien, qu'il a fait à mon insu.

LÉONTINE

Mais ne vous trompez-vous pas ? Voici le sien, le reconnaissez-vous ?

HERMOCRATE

Tenez, ma sœur, en voilà le double ; le vôtre est en homme, et le mien en femme ; c'en est toute la différence.

LÉONTINE

Juste ciel ! où en suis-je ?

AGIS

Oh ! c'en est fait, je n'y saurais plus tenir ; elle ne m'a point donné de portrait, mais je dois l'épouser aussi.

HERMOCRATE

Quoi ! vous aussi, Agis ? Quelle étrange aventure !

LÉONTINE

Je suis outrée, je l'avoue.

HERMOCRATE

Il n'est pas question de se plaindre : nos domestiques étaient gagnés, je crains quelques desseins cachés ; hâtons-nous, Léontine, ne perdons point de temps : il faut que cette fille s'explique, et nous rende compte de son imposture.

SCÈNE IX

AGIS, PHOCION

AGIS, *sans voir Phocion.*

Je suis au désespoir !

PHOCION

Les voilà donc partis, ces importuns. Mais qu'avez-vous, Agis ? Vous ne me regardez pas.

AGIS

Que venez-vous faire ici ? Qui de nous trois doit vous épouser, d'Hermocrate, de Léontine ou de moi ?

PHOCION

Je vous entends ; tout est découvert.

AGIS

N'avez-vous pas votre portrait à me donner, comme aux autres ?

PHOCION

Les autres n'auraient pas eu ce portrait, si je n'avais pas eu dessein de vous donner la personne.

AGIS

Et moi, je la cède à Hermocrate. Adieu, perfide ! adieu, cruelle ! je ne sais de quels noms vous appeler ; adieu pour jamais. Je me meurs !...

PHOCION

Arrêtez, cher Agis, écoutez-moi.

AGIS

Laissez-moi, vous dis-je.

PHOCION

Non, je ne vous quitte plus ; craignez d'être le plus
ingrat de tous les hommes, si vous ne m'écoutez pas.

AGIS

Moi, que vous avez trompé !

PHOCION

C'est pour vous que j'ai trompé tout le monde, et je
n'ai pu faire autrement ; tous mes artifices sont autant
de témoignages de ma tendresse, et vous insultez,
dans votre erreur, au cœur le plus tendre qui fut
jamais ; je ne suis point en peine de vous calmer ; tout
l'amour que vous me devez, tout celui que j'ai pour
vous, vous ne le savez pas. Vous m'aimerez, vous
m'estimerez, vous me demanderez pardon.

AGIS

Je n'y comprends rien !

PHOCION

J'ai tout employé pour abuser des cœurs dont la
tendresse était l'unique voie qui me restait pour
obtenir la vôtre, et vous étiez l'unique objet de tout ce
qu'on m'a vu faire.

AGIS

Hélas ! puis-je vous en croire, Aspasie ?

PHOCION

Dimas et Arlequin qui savent mon secret, qui m'ont
servie, vous confirmeront ce que je vous dis là ;

interrogez-les, mon amour ne dédaigne pas d'avoir recours à leur témoignage.

AGIS

Ce que vous me dites-là est-il possible, Aspasie ? On n'a donc jamais tant aimé que vous le faites.

PHOCION

Ce n'est pas là tout : cette Princesse que vous appelez votre ennemie, et la mienne...

AGIS

Hélas ! s'il est vrai que vous m'aimiez, peut-être un jour vous fera-t-elle pleurer ma mort ; elle n'épargnera pas le fils de Cléomène.

PHOCION

Je suis en état de vous rendre l'arbitre de son sort.

AGIS

Je ne lui demande que de nous laisser disposer du nôtre.

PHOCION

Disposez vous-même de sa vie ; c'est son cœur qui vous la livre.

AGIS

Son cœur ! Vous Léonide, Madame ?

PHOCION

Je vous disais que vous ignoriez tout mon amour ; et le voilà tout entier.

AGIS *se jette à genoux.*

Je ne puis plus vous exprimer le mien.

SCÈNE X

LÉONTINE, HERMOCRATE, PHOCION, AGIS

HERMOCRATE

Que vois-je! Agis à ses genoux! *(Il s'approche.)* De qui est ce portrait-là?

PHOCION

C'est de moi.

LÉONTINE

Et celui-ci, fourbe que vous êtes?

PHOCION

De moi. Voulez-vous que je les reprenne et que je vous rende les vôtres?

HERMOCRATE

Il ne s'agit point ici de plaisanterie. Qui êtes-vous? Quels sont vos desseins?

PHOCION

Je vais vous les dire. Mais laissez-moi parler à Corine qui vient à nous.

SCÈNE DERNIÈRE

HERMIDAS, DIMAS, ARLEQUIN, *et le reste des Acteurs.*

DIMAS

Noute maître, je vous avartis qu'il y a tout plein d'hallebardiers au bas de noute jardrin; et pis des *soudards, et pis des carrioles dorées.

HERMIDAS

Madame, Ariston est arrivé.

PHOCION, *à Agis*.

Allons, Seigneur, venez recevoir les hommages de vos sujets. Il est temps de partir ; vos gardes vous attendent. (*À Hermocrate et à Léontine.*) Vous, Hermocrate, et vous, Léontine, qui d'abord refusiez tous deux de me garder, vous *sentez le motif de mes feintes. Je voulais rendre le trône à Agis, et je voulais être à lui. Sous mon nom j'aurais peut-être révolté son cœur, et je me suis déguisée pour le surprendre ; ce qui n'aurait encore abouti à rien, si je ne vous avais pas abusés vous-mêmes. Au reste, vous n'êtes point à plaindre, Hermocrate, je vous laisse votre cœur entre les mains de votre raison. Pour vous, Léontine, mon sexe doit avoir déjà dissipé tous les sentiments que vous avait inspirés mon artifice.

BIBLIOGRAPHIE

Sur le théâtre au XVIIIe siècle.

LAGRAVE H., *Le Théâtre et le public à Paris de 1715 à 1750*, Klincksieck, 1972.
ROUGEMONT (Martine de), *La Vie théâtrale en France au XVIIIe siècle*, Champion, 1988.
   Deux livres essentiels, auxquels on accédera commodément par le *Que sais-je?* de :
LARTHOMAS P., *Le Théâtre en France au XVIIIe siècle*, PUF, 1980.

Sur Marivaux.

COULET H. et GILOT M., *Marivaux. Un humanisme expérimental*, Larousse, 1973.
LAGRAVE H., *Marivaux et sa fortune littéraire*, Ducros, 1970.
   Excellentes initiations, qui ne dispensent pas de lire les *Journaux et œuvres diverses*, édités par Deloffre F. et Gilot M., Garnier, 1969.
   Trois études surplombent le panorama critique :
COULET H., *Marivaux romancier. Essai sur l'esprit et le cœur dans les romans de Marivaux*, Colin, 1975.
DELOFFRE F., *Une précosité nouvelle : Marivaux et le marivaudage*, Colin, 1955, rééd. 1967.
GILOT M., *Les Journaux de Marivaux. Itinéraire moral et accomplissement esthétique*, Univ. de Lille III, 1974.

Sur le théâtre.

Éditions :
Théâtre complet, par Deloffre F., Garnier, 1968, 2 vol.
Le Prince travesti, Le Triomphe de l'amour, par Coulet H. et Gilot M., Champion, 1983.

Études.
BONHÔTE N., *Marivaux ou les machines de l'opéra. Étude de sociologie de la littérature,* L'Âge d'homme, 1974. (Échec du livre, ou échec de la sociologie de Lucien Goldmann ?)
DEGUY M., *La Machine matrimoniale ou Marivaux,* Gallimard, 1981, rééd. 1986, coll. Tel. (Séduisant et irritant.)
DORT B., « *À la recherche de l'amour et de la vérité : esquisse d'un système marivaudien* », *Les Temps modernes,* 1962, repris dans *Théâtre public,* Seuil, 1967. (Bel effort, par un maître des études dramaturgiques.)
LACANT J., *Marivaux en Allemagne. Reflets de son théâtre dans le miroir allemand,* Klincksieck, 1975. (Instructif dépaysement.)
PAVIS P., *Marivaux à l'épreuve de la scène,* Pub. de la Sorbonne, 1986. (Va-et-vient théorico-pratique, sous forme de doctorat d'État, entre textes et mises en scène. Stimulant.)
Théâtre en Europe, n° 6, avril 1985, dossier sur Marivaux, pp. 20-96 (textes de critiques, de metteurs en scène, de comédiens, avec de nombreuses illustrations. Remarques d'A. Vitez pendant les répétitions du *Prince travesti,* pp. 88-89).
L'Art du théâtre, 1985-1986, n°s 1-2-3, Actes Sud/Théâtre de Chaillot. (Réflexions d'Antoine Vitez sur *Le Triomphe de l'amour.*)

Sur les pièces.
On consultera avec profit deux articles fort précis, tous deux parus dans *L'Information littéraire :*
COULET H., *Le Pouvoir politique dans les comédies de Marivaux,* I.L., 1983, n° 4.
HOFFMANN P., *De quelques formes du discours amoureux dans Le Prince travesti de Marivaux,* I.L., 1984, n° 2.

CHRONOLOGIE

1682 : Mariage de Nicolas Carlet, écrivain de la marine, et de Marie-Anne Bullet, sœur de Pierre Bullet, « architecte des bâtiments du roi ».

1688 : Naissance à Paris, le 4 février, de Pierre Carlet. De 1688 à 1697 son père est à l'armée, en Allemagne, comme « trésorier des vivres ». En 1698, il achète l'office de « contrôleur contre-garde » de la Monnaie de Riom, dont il devient directeur en 1704.

1710 : Marivaux s'inscrit à l'École de droit de Paris.

1712 : Il s'installe définitivement à Paris, et renonce au droit. Publication, à Paris et à Limoges, de sa première pièce, *Le Père prudent et équitable*. En avril, il soumet aux censeurs son premier roman, *Les Effets surprenants de la sympathie*, et en décembre, *Pharsamon ou les Nouvelles Folies romanesques*.

1713-1714 : Publication des *Effets surprenants*, de *La Voiture embourbée*, « roman impromptu », et du *Bilboquet*, apologue allégorique. Composition du *Télémaque travesti*, qui ne paraîtra qu'en 1736.

1716 : Publication de l'*Homère travesti ou l'Iliade en vers burlesques*, parodie de l'*Iliade* de La Motte. L'épître dédicatoire est signée Carlet de Marivaux.

1717 : Mariage avec Colombe Bologne, orpheline de bonne famille, née à Sens en 1683. D'août 1717 à août 1718, *Le Nouveau Mercure* fait paraître ses *Lettres sur les habitants de Paris*.

1719 : Naissance de sa fille, Colombe-Prospère, et mort de son père, dont il sollicite la charge. Sa requête n'est pas agréée. De novembre 1719 à avril 1720, *Le Nouveau Mercure* publie ses *Lettres contenant une aventure.*

1720 : Le 3 mars, au Théâtre-Italien (T-I), *L'Amour et la Vérité*, comédie en trois actes (une représentation), et, le 17 octobre, *Arlequin poli par l'amour*, comédie en un acte, qui a du succès. Sa tragédie *La Mort d'Hannibal* échoue au Théâtre-Français (T-F) le 16 décembre (trois représentations). La faillite de Law anéantit la dot de sa femme.

1721 : Licencié en droit. De juillet 1721 à octobre 1724, il fait paraître *Le Spectateur français*, à l'imitation du *Spectator* de Steele et Addison : vingt-cinq feuilles au total.

1722 : Le 3 mai, *La Surprise de l'amour*, comédie en trois actes (T-I).

1723 : Le 6 avril, *La Double Inconstance*, comédie en trois actes (T-I), assoit sa réputation et celle de sa comédienne favorite, Silvia. Mort probable (ou en 1724) de sa femme.

1724 : *Le Prince travesti*, le 5 février (après un début difficile), et *La Fausse Suivante*, le 8 juillet, remportent un grand succès au T-I. *Le Dénouement imprévu*, comédie en un acte (T-F), ne réussit guère.

1725 : Succès éclatant de *L'Île des esclaves*, comédie en un acte (T-I), créée le 5 mars, jouée à la Cour le 13, publiée en avril. *L'Héritier de village*, en un acte (T-I), le 19 août, réussit moins.

1726 : Début de la rédaction de son roman *La Vie de Marianne*, dont il demande l'approbation en 1727. Représentation à la Cour de *La Surprise de l'amour*, de *La Double Inconstance*, de *L'Île des esclaves*.

1727 : De mars à juillet, Marivaux publie les sept feuilles d'un nouveau journal, *L'Indigent philosophe*. Le 11 septembre, *Les Petits Hommes ou l'Île de la raison*, comédie en trois actes, échoue devant le public du Français, qui boude aussi d'abord *La Seconde Surprise de l'amour* (T-F, 31 décembre).

1728 : *Le Triomphe de Plutus* (T-I, 22 avril), allégorie satirique en un acte, réussit assez bien. Approbation du premier livre de *La Vie de Marianne*.

1729 : *La Nouvelle Colonie ou la Ligue des femmes*, comédie en trois actes (T-I), tombe le 18 juin et n'est plus connue que par un résumé du *Mercure* et par la version en un acte publiée en 1750.

1730 : *Le Jeu de l'amour et du hasard*, comédie en trois actes (T-I), est créée le 23 janvier, et jouée à la Cour le 28.

1731 : Publication du premier livre de *La Vie de Marianne*. Le Français représente le 5 novembre *La Réunion des amours*, allégorie en un acte.

1732 : Le 12 mars, *Le Triomphe de l'amour*, comédie en trois actes (T-I), déconcerte le public parisien, mais charme la Cour le 15. *Les Serments indiscrets*, la seule comédie de Marivaux en cinq actes, est sifflée le 8 juin au Théâtre-Français, mais *L'École des mères* (un acte, T-I) réussit fort bien malgré la morte saison (25 juillet).

1733 : Voltaire attaque Marivaux (son seul concurrent au théâtre) dans *Le Temple du goût*. *L'Heureux Stratagème* (trois actes, T-I) confirme le succès de Marivaux.

1734 : Publication de la seconde partie de *La Vie de Marianne*, des onze feuilles du *Cabinet du philosophe* (janvier-avril) et des quatre premières parties du *Paysan parvenu*. *La Méprise* (un acte, T-I, le 16 août) et *Le Petit-Maître corrigé* (trois actes, T-F, le 6 novembre) échouent pareillement.

1735 : Cinquième et dernière partie du *Paysan parvenu*, troisième partie de *La Vie de Marianne*. Grand succès de *La Mère confidente* (trois actes, T-I, le 9 mai).

1736 : Marivaux rejette la paternité du *Télémaque travesti*, publié par un libraire hollandais. Publication des quatrième, cinquième et sixième livres de *La Vie de Marianne*. *Le Legs*, comédie en un acte (T-F, le 11 juin), reçoit un accueil médiocre.

1737 : Publication de *Pharsamon* et des septième et huitième parties de *La Vie de Marianne*. *Les Fausses Confidences*, comédie en trois actes (intitulée jusqu'en 1738 *La Fausse Confidence*), est peu appréciée par le public des Italiens, avant de s'imposer l'année suivante.

1738 : Le 7 juillet, *La Joie imprévue*, comédie en un acte, accompagne une reprise, couronnée de succès, des *Fausses Confidences* (T-I).

1739 : *Les Sincères*, comédie en un acte (T-I), ne confirment pas le succès de la première représentation (13 janvier). Mort de Thomassin, l'Arlequin des pièces de Marivaux.

1740 : Le 19 novembre, grande réussite de *L'Épreuve* (un acte, T-I).

1741 : *La Commère*, tirée du *Paysan parvenu*, destinée aux Italiens (un acte).

1742 : Marivaux est élu (avant Voltaire) à l'Académie française, dont il deviendra un membre assidu. Il retouche *Narcisse*, comédie de Jean-Jacques Rousseau. Mise en vente des livres IX, X et XI de *La Vie de Marianne*.

1744 : Lecture à l'Académie de ses *Réflexions sur le progrès humain*. De 1744 à 1755, il fera sept autres lectures publiques d'ordre philosophique et moral. *La Dispute*, comédie en un acte (T-F), est retirée dès la première représentation (19 octobre).

1745 : Colombe-Prospère de Marivaux, dotée par le duc d'Orléans, entre au couvent. Elle y mourra en 1788.

1746 : *Le Préjugé vaincu*, comédie en un acte, atteint sept représentations au Français (6 août).

1747 : Publication en Allemagne, à Hanovre, d'une traduction de pièces de Marivaux.

1748 : À la mort de Mme de Tencin, qui l'affecte, Marivaux fréquente le salon de Mme Geoffrin.

1754 : *Le Mercure* publie *L'Éducation d'un prince*, dialogue politique.

1755 : Le 20 janvier, à la Cour de Gotha, le duc de Weimar tient le rôle d'Iphicrate dans *L'Île des esclaves*. Le 24 août, on crée *La Femme fidèle*, comédie en un acte, sur un théâtre privé.

1757 : *Le Mercure* de mars publie *Félicie*, que Marivaux n'avait pas l'espoir de voir représenter par les Comédiens-Français. *Le Conservateur* de novembre fait paraître *Les Acteurs de bonne foi* et annonce *La Provinciale* (publiée par *Le Mercure* en 1761).

1758 : Le 20 janvier, Marivaux, malade, rédige son testament.

1763 : Il meurt le 12 février rue de Richelieu. La vente de ses biens produit 3 501 livres 8 sols 6 deniers.

GLOSSAIRE

Abstraction : Rêverie, distraction.

Acabit : « Qualité bonne ou mauvaise de certaines choses. Il ne se dit guère que des fruits. Il n'a d'usage que dans le style familier » (Acad.).

Accommoder : Convenir.

Affaire : Affaire de cœur.

Affronter : Tromper par une adresse basse et rusée.

Aimable : Digne d'être aimé.

Ajuster (s') : « On dit *Ajuster deux personnes,* pour dire les concilier [...] faire qu'ils soient d'accord touchant quelque chose » (Acad.).

Amant : Amoureux déclaré.

Amuser : Flatter, divertir.

Apparemment : Manifestement.

Arrêter : Retenir, par civilité, ou par inclination galante.

Avancer : Procurer quelque avancement.

Avarice : Cupidité.

Aventure (à l') : Au hasard, sans dessein.

Ballement : Forme patoise pour *bellement* : doucement, lentement.

Barguigner : Hésiter à acheter, à conclure une affaire (famil.).

Bonheur (par — que) : Construction absente des diction-naires.

Bonne grâce : Bon air, bonne mine.

Boute : L'impératif de bouter sert d'interjection dans la langue paysanne, comme « allez-y ! ». Selon F. Deloffre, *Et y allons* est populaire, *Et boute et gare*, paysan.

Carrer (se) : « Marcher les mains sur les côtés, ou de quelque autre manière qui marque de l'arrogance. Il est du style familier » (Acad.).

Chambre : Lieu d'intimité, à la différence du salon.

Chanson : Bagatelle.

Chemin : *Suivre le grand chemin* : s'en tenir aux moyens connus, aux usages établis. *Aller son grand chemin* : n'entendre point de finesse à ce qu'on fait, à ce qu'on dit. Cléanthis semble se rallier à cette seconde définition du Littré.

Chétif : Vil, méprisable.

Coffre : « On dit prov. et bassement, *Rire comme un coffre*, pour rire à gorge déployée » (Acad.).

Combattu : Partagé, divisé. Marivaux emploie absolument cet adjectif, qui se prête peut-être à un jeu de mots.

Comme quoi : Condamné par l'Académie et réservé au style familier.

Comptable : Qui est sujet à rendre compte.

Compte : *Homme de bon compte* : homme sincère, qui ne trompe personne.

Condition : Noblesse.

Connaître : Reconnaître.

Coquet : Amoureux sans véritable attachement.

Courir la poste : Courir sur des chevaux de poste, ou en chaise avec des chevaux de poste.

Défricher : Éclaircir, débrouiller.

Désastre : Accident funeste, dit d'une personne.

Dia : *Dia* et *Huau* servent à orienter le cheval à gauche ou à droite. « On dit d'un homme à qui l'on ne saurait faire entendre raison qu'*Il n'entend à dia ni à hur-hau* » (Acad.).

Diligences : *Faire ses diligences* : apporter beaucoup de soin.

Disgrâce : Infortune, malheur.

Dos (gros) : « On dit prov. *Faire le gros dos*, pour dire faire l'homme important, le capable » (Acad.).

D'où vient ? : Pourquoi ?

Drogues : « Sorte de marchandise que vendent les épiciers, et dont la plus grande partie sert à la médecine » (Acad.).

Éclater : Faire du bruit, de l'éclat (fig.).

Encharger : Donner mission, charger (archaïque et rustique).

Envelopper : Cacher, déguiser.

Équivoque : Masculin au XVIe siècle, des deux genres au XVIIe.

Esprit : « Sens plus général que de nos jours, comprenant l'intelligence, l'esprit de finesse, le bon sens même, plutôt que l'esprit de repartie » (F. Deloffre, édition citée).

Et si pourtant : Pourtant (vieux et familier).

Étourdi : Qui agit avec imprudence, sans réflexion.

Être : « *En être à* traduit l'aspect d'une action qui est faite avec du retard. *Ne pas en être à* s'applique au contraire à une action commencée depuis longtemps » (F. Deloffre, édition citée).

Étrivières : Courroie qui sert à porter les étriers.

Expédier : Hâter l'exécution d'une chose. Se dit aussi, en ce sens, des personnes.

Faire main basse : « Ne donner point de quartier, passer au fil de l'épée » (Acad.).

Fait pour : Avec un infinitif : capable de, destiné à, d'humeur à. Avec un nom : destiné à.

Fatiguer : Importuner.

Fidélité : Désigne surtout le zèle des domestiques.

Finesse : « Signifie aussi ruse, artifice, et se prend presque toujours en mauvaise part » (Acad.).

Fois (une) : Au moins, une bonne fois.

Fourber : Tromper par de mauvaises finesses.

Friand : Qui flatte agréablement le palais. Le plus souvent figuré.

Gaillard : Qui ne demande qu'à rire et à faire rire.

Gêner : Sens fort : « ... mettre quelqu'un dans un état violent en l'obligeant de faire ce qu'il ne veut pas, ou en l'empêchant de faire ce qu'il veut » (Acad.).

Généreux : Qui est d'un naturel noble, qui a un grand cœur.

Gloire : Orgueil ; honneur d'un homme ou d'une femme.

Glorieux : Vain, superbe.

Goberger (se) : Se moquer, se réjouir.

Gouverner : Disposer d'une personne. *Se gouverner* : se conduire.

Hasardeux : Qui hasarde trop.

Historien : Celui qui raconte quelque événement.

Honnête : Civil, poli ; moralement honnête. On peut donc jouer sur ce double sens : « Souvent le titre d'honnête homme se donne à meilleur marché. Un train nombreux, de superbes équipages, une belle livrée, un nom de terre, beaucoup de suffisance, voilà, dans le langage ordinaire, ce qui fait l'honnête homme » (Dict. de Trévoux).

Imposer (en) : En faire accroire, tromper.

Industrie : Adresse, activité habile, souvent suspecte mais pas toujours.

Jeu (bon) : Sans tricherie.

Maille : La plus petite pièce de monnaie, alors que l'écu valait trois francs. « On dit d'une chose qu'on a pris soin d'améliorer qu'*Elle vaut mieux écu qu'elle ne valait maille* » (Acad.).

Mal bâti : Défraîchi.

Mal placé : « Il y a ici une sorte de jeu de mots, *mal placé* s'employant à peu près à l'époque comme *déplacé* » (F. Deloffre, édition citée).

Malhonnête : Incivil ; contraire à la probité.

Marchandise : Trafic.

Mardi : Juron des Arlequins, par euphémisation de *mort Dieu* (cf. *morgué*).

Marge : Distance.

Mazette : Méchant petit cheval.

Méconnaître : Ne pas reconnaître.

Mignardise : Affectation de délicatesse.

Mirer : Regarder avec attention.

Mirlirot : « Sorte d'herbe champêtre [...] On dit proverbialement : *J'en dis du mirlirot*, c'est-à-dire, [...] je m'en moque. [...] Mais cette sorte de façon de parler n'est que du petit peuple de Paris » (Dict. de Trévoux).

Mitonner : Faire cuire à petit feu. Figuré : ménager adroitement pour en tirer quelque avantage. « Il se dit proprement du pain que l'on met dans un plat avec du bouillon pour le faire tremper sur le feu avant de dresser le potage [...]. La soupe *se mitonne* » (Acad.).

Modeste : Pudique.

Mouvement : « Il se dit [...] des différentes impulsions, passions ou affections de l'âme » (Acad.). « Terme essentiel du vocabulaire de Marivaux, qui demeure cependant relativement rare dans son théâtre avant 1730. Chez lui, il s'agit d'impulsions immédiates, ultra-rapides, qui transparaissent parfois dans l'attitude extérieure, tout en échappant parfois à la conscience du sujet » (H. Coulet et M. Gilot, édition citée).

Mugueter : Piller.

Mutin : Opiniâtre, entêté.

Mutinerie : Obstination avec dépit.

Nanan : Friandises. Familier et interdit alors de dictionnaire.

Naturel : Franc, sincère.

Orges : *Faire ses orges*, prov. et familier : faire bien ses affaires.

Original : « Écrit dont on tire une copie. Qui n'est copié sur aucun modèle, sur aucun exemplaire du même genre. Singulier. Qui a quelque chose de ridicule » (Extrait de Richelet, 1780).

Pargué : Juron (pour éviter *par Dieu*, blasphématoire).

Passer : Être au-dessus des forces du corps ou des facultés de l'esprit. *Cela me passe :* je ne le conçois pas.

Pâtir : Souffrir.

Patricoter : Intriguer (populaire).

Pied (sur ce — là) : Les choses étant ainsi, avec ces conditions.

Pinte : Mesure d'un peu moins d'un litre.

Piquer : *Piquer d'honneur :* offenser. Mais Richelet signale un sens galant qui s'applique bien ici : « Se dit quelquefois des choses belles et jolies, et veut dire agréer, enflammer... »

Pistole : Monnaie d'or. Une pistole valait dix livres (ou francs).

Poliment : Avec raffinement.

Quartier : Vie sauve ou traitement favorable fait aux vaincus. *A quartier* : à part, à l'écart.

Rebuter : Rejeter comme une chose qu'on ne veut point.

Refait : Selon Littré, « éprouver la même contrariété qu'on a fait éprouver à un autre ».

Rencontre : Marchandise de rencontre : qu'on trouve à acheter par hasard. « D'où la plaisanterie, car on ne trouve pas de l'argent (*finance*) à acheter » (F. Deloffre, édition citée).

Ridicule (un) : Un sot, un impertinent.

Sambille (par la) : Par le sang de Dieu.

Sambleu (par la) : Les jurons *Par la sambleu, Morbleu, Ventrebleu*, sont propres aux gens de guerre.

Sanguienne (par la) : Juron paysan.

Satisfactions : Excuses que l'on fait à une personne qu'on a offensée.

Sentir (se) : Se connaître, savoir ce qu'on est.

Sentir : Comprendre.

Simplicité : Candeur.

Sol : Sou.

Soudard : « Le mot signifie simplement *soldat* dans la langue des paysans de la région parisienne » (F. Deloffre, édition citée).

Soutenir : Résister, supporter.

Stautre : Cet autre.

Suffisant : Orgueilleux, présomptueux, avec sans doute, ici, une nuance de sévérité.

Superbe : Orgueilleux, insolent.

Tant seulement : Patois parisien : seulement.

Tatigué : Juron paysan, pour éviter *Tête de Dieu*.

Tas : « On dit familièrement qu'*Une personne se met tout en tas*, pour dire qu'elle s'accroupit, se ramasse et se met toute en un peloton » (Acad.). Arlequin tire de l'expression un effet cocasse.

Tortiller : Chercher des détours, des subterfuges. L'expression familière, *Il n'y a pas à tortiller*, ne figurait pas alors dans les dictionnaires.

Tout de suite : *Cela va tout de suite :* c'est évident.

Trétous : Forme renforcée, populaire ou paysanne, de *Tous*. *Vous êtes vieux comme le père à trétous* est sans doute une expression proverbiale.

Tricot : Bâton gros et court.

Vendre (du noir) : Tromper.

Venue : Tromperie.

Vertigo : Maladie du cheval qui le fait chanceler. Figuré et familier : caprice, fantaisie.

Vertuchoux : Juron burlesque.

Vilain : Avare, ladre.

Y allons : Comme *Allons-y*, dans une phrase débutant par *et*.

TABLE

DERNIÈRES PARUTIONS

GF-CORPUS

L'Illusion (3035)
La Justice (3050)

La Société (3041)
La Violence (3042)

GF-DOSSIER

Imprimé en France par CPI
en octobre 2018

Dépôt légal : mars 1989
N° d'édition : L.01EHPNFG0524.C018
N° d'impression : 149682